기본 연산
Check-Book

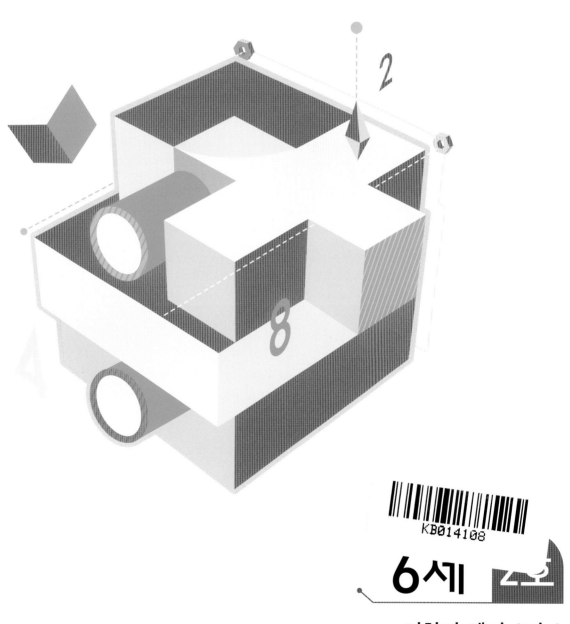

NE 능률

KB014108

6세

더하기 빼기 1과 2

더하기 1

❶ 1+1=☐   ❷ 2+1=☐   ❸ 3+1=☐

❹ 4+1=☐   ❺ 5+1=☐   ❻ 6+1=☐

❼ 7+1=☐   ❽ 8+1=☐   ❾ 9+1=☐

❿ 5+1=☐   ⓫ 4+1=☐   ⓬ 2+1=☐

⓭ 9+1=☐   ⓮ 1+1=☐   ⓯ 3+1=☐

⓰ 7+1=☐   ⓱ 6+1=☐   ⓲ 8+1=☐

⓳
```
    3
  + 1
  ───
  ☐
```
⓴
```
    6
  + 1
  ───
  ☐
```
㉑
```
    4
  + 1
  ───
  ☐
```
㉒
```
    5
  + 1
  ───
  ☐
```

㉓
```
    1
  + 1
  ───
  ☐
```
㉔
```
    2
  + 1
  ───
  ☐
```
㉕
```
    8
  + 1
  ───
  ☐
```
㉖
```
    7
  + 1
  ───
  ☐
```

㉗ $9+1=\boxed{}$ ㉘ $8+1=\boxed{}$ ㉙ $7+1=\boxed{}$

㉚ $6+1=\boxed{}$ ㉛ $5+1=\boxed{}$ ㉜ $4+1=\boxed{}$

㉝ $3+1=\boxed{}$ ㉞ $2+1=\boxed{}$ ㉟ $1+1=\boxed{}$

㊱ $3+1=\boxed{}$ ㊲ $2+1=\boxed{}$ ㊳ $7+1=\boxed{}$

㊴ $4+1=\boxed{}$ ㊵ $9+1=\boxed{}$ ㊶ $1+1=\boxed{}$

㊷ $8+1=\boxed{}$ ㊸ $5+1=\boxed{}$ ㊹ $6+1=\boxed{}$

㊺
$$\begin{array}{r} 2 \\ +\ 1 \\ \hline \boxed{} \end{array}$$

㊻
$$\begin{array}{r} 8 \\ +\ 1 \\ \hline \boxed{} \end{array}$$

㊼
$$\begin{array}{r} 6 \\ +\ 1 \\ \hline \boxed{} \end{array}$$

㊽
$$\begin{array}{r} 5 \\ +\ 1 \\ \hline \boxed{} \end{array}$$

㊾
$$\begin{array}{r} 4 \\ +\ 1 \\ \hline \boxed{} \end{array}$$

㊿
$$\begin{array}{r} 1 \\ +\ 1 \\ \hline \boxed{} \end{array}$$

51
$$\begin{array}{r} 7 \\ +\ 1 \\ \hline \boxed{} \end{array}$$

52
$$\begin{array}{r} 3 \\ +\ 1 \\ \hline \boxed{} \end{array}$$

더하기 1과 2

❶ $1+2=\boxed{}$ ❷ $2+2=\boxed{}$ ❸ $3+2=\boxed{}$

❹ $4+2=\boxed{}$ ❺ $5+2=\boxed{}$ ❻ $6+2=\boxed{}$

❼ $7+2=\boxed{}$ ❽ $8+2=\boxed{}$

❾ $3+2=\boxed{}$ ❿ $2+2=\boxed{}$ ⓫ $7+2=\boxed{}$

⓬ $4+2=\boxed{}$ ⓭ $8+2=\boxed{}$ ⓮ $1+2=\boxed{}$

⓯ $6+2=\boxed{}$ ⓰ $5+2=\boxed{}$

⓱ $\begin{array}{r} 5 \\ +\ 2 \\ \hline \boxed{} \end{array}$ ⓲ $\begin{array}{r} 2 \\ +\ 2 \\ \hline \boxed{} \end{array}$ ⓳ $\begin{array}{r} 3 \\ +\ 2 \\ \hline \boxed{} \end{array}$ ⓴ $\begin{array}{r} 7 \\ +\ 2 \\ \hline \boxed{} \end{array}$

㉑ $\begin{array}{r} 4 \\ +\ 2 \\ \hline \boxed{} \end{array}$ ㉒ $\begin{array}{r} 1 \\ +\ 2 \\ \hline \boxed{} \end{array}$ ㉓ $\begin{array}{r} 6 \\ +\ 2 \\ \hline \boxed{} \end{array}$ ㉔ $\begin{array}{r} 8 \\ +\ 2 \\ \hline \boxed{} \end{array}$

㉕ 8+2=☐   ㉖ 7+2=☐   ㉗ 6+2=☐

㉘ 5+2=☐   ㉙ 4+2=☐   ㉚ 3+2=☐

㉛ 2+2=☐   ㉜ 1+2=☐

㉝ 5+2=☐   ㉞ 4+2=☐   ㉟ 8+2=☐

㊱ 3+2=☐   ㊲ 7+2=☐   ㊳ 6+2=☐

㊴ 1+2=☐   ㊵ 2+2=☐

㊶
```
    2
 +  2
 ────
 ☐
```

㊷
```
    3
 +  2
 ────
 ☐
```

㊸
```
    8
 +  2
 ────
 ☐
```

㊹
```
    6
 +  2
 ────
 ☐
```

㊺
```
    4
 +  2
 ────
 ☐
```

㊻
```
    5
 +  2
 ────
 ☐
```

㊼
```
    1
 +  2
 ────
 ☐
```

㊽
```
    7
 +  2
 ────
 ☐
```

3주 □가 있는 더하기

❶
$1+1=\boxed{}$
$1+2=\boxed{}$

❷
$2+1=\boxed{}$
$2+2=\boxed{}$

❸
$3+1=\boxed{}$
$3+2=\boxed{}$

❹
$4+1=\boxed{}$
$4+2=\boxed{}$

❺
$5+1=\boxed{}$
$5+2=\boxed{}$

❻
$6+1=\boxed{}$
$6+2=\boxed{}$

❼
$7+1=\boxed{}$
$7+2=\boxed{}$

❽
$8+1=\boxed{}$
$8+2=\boxed{}$

❾ $4+1=\boxed{}$

❿ $5+2=\boxed{}$

⓫ $3+1=\boxed{}$

⓬ $8+2=\boxed{}$

⓭ $6+1=\boxed{}$

⓮ $7+2=\boxed{}$

⓯ $2+1=\boxed{}$

⓰ $1+2=\boxed{}$

⓱ $9+1=\boxed{}$

⓲ $4+2=\boxed{}$

⓳ $7+1=\boxed{}$

⓴ $3+2=\boxed{}$

㉑ $8+1=\boxed{}$

㉒ $6+2=\boxed{}$

㉓ $5+1=\boxed{}$

㉔ 3+1=☐

㉕ 7+2=☐

㉖ 6+1=☐

㉗ 8+2=☐

㉘ 9+1=☐

㉙ 1+2=☐

㉚ 2+1=☐

㉛ 4+2=☐

㉜ 5+1=☐

㉝ 4+1=☐

㉞ 2+2=☐

㉟ 6+2=☐

㊱ 8+1=☐

㊲ 3+2=☐

㊳ 5+2=☐

㊴ 1+1=☐

㊵ 7+1=☐

㊶
```
   5
+  1
-----
 ☐
```

㊷
```
   4
+  2
-----
 ☐
```

㊸
```
   2
+  1
-----
 ☐
```

㊹
```
   7
+  2
-----
 ☐
```

㊺
```
   9
+  1
-----
 ☐
```

㊻
```
   8
+  2
-----
 ☐
```

㊼
```
   3
+  1
-----
 ☐
```

㊽
```
   6
+  2
-----
 ☐
```

빼기 1

❶ 1 − 1 = ☐

❷ 2 − 1 = ☐

❸ 3 − 1 = ☐

❹ 4 − 1 = ☐

❺ 5 − 1 = ☐

❻ 6 − 1 = ☐

❼ 7 − 1 = ☐

❽ 8 − 1 = ☐

❾ 9 − 1 = ☐

❿ 3 − 1 = ☐

⓫ 7 − 1 = ☐

⓬ 6 − 1 = ☐

⓭ 5 − 1 = ☐

⓮ 9 − 1 = ☐

⓯ 8 − 1 = ☐

⓰ 2 − 1 = ☐

⓱ 1 − 1 = ☐

⓲ 4 − 1 = ☐

⓳
$$\begin{array}{r} 2 \\ - \ 1 \\ \hline \end{array}$$
☐

⓴
$$\begin{array}{r} 7 \\ - \ 1 \\ \hline \end{array}$$
☐

㉑
$$\begin{array}{r} 4 \\ - \ 1 \\ \hline \end{array}$$
☐

㉒
$$\begin{array}{r} 6 \\ - \ 1 \\ \hline \end{array}$$
☐

㉓
$$\begin{array}{r} 9 \\ - \ 1 \\ \hline \end{array}$$
☐

㉔
$$\begin{array}{r} 8 \\ - \ 1 \\ \hline \end{array}$$
☐

㉕
$$\begin{array}{r} 3 \\ - \ 1 \\ \hline \end{array}$$
☐

㉖
$$\begin{array}{r} 5 \\ - \ 1 \\ \hline \end{array}$$
☐

월 일

㉗ $9-1=\square$ ㉘ $8-1=\square$ ㉙ $7-1=\square$

㉚ $6-1=\square$ ㉛ $5-1=\square$ ㉜ $4-1=\square$

㉝ $3-1=\square$ ㉞ $2-1=\square$ ㉟ $1-1=\square$

㊱ $5-1=\square$ ㊲ $7-1=\square$ ㊳ $2-1=\square$

㊴ $8-1=\square$ ㊵ $4-1=\square$ ㊶ $3-1=\square$

㊷ $1-1=\square$ ㊸ $9-1=\square$ ㊹ $6-1=\square$

㊺ $\begin{array}{r} 3 \\ -\ 1 \\ \hline \square \end{array}$ ㊻ $\begin{array}{r} 7 \\ -\ 1 \\ \hline \square \end{array}$ ㊼ $\begin{array}{r} 6 \\ -\ 1 \\ \hline \square \end{array}$ ㊽ $\begin{array}{r} 4 \\ -\ 1 \\ \hline \square \end{array}$

㊾ $\begin{array}{r} 2 \\ -\ 1 \\ \hline \square \end{array}$ ㊿ $\begin{array}{r} 9 \\ -\ 1 \\ \hline \square \end{array}$ (51) $\begin{array}{r} 5 \\ -\ 1 \\ \hline \square \end{array}$ (52) $\begin{array}{r} 3 \\ -\ 1 \\ \hline \square \end{array}$

자르는 선

빼기 1과 2

❶ 2−2=☐

❷ 3−2=☐

❸ 4−2=☐

❹ 5−2=☐

❺ 6−2=☐

❻ 7−2=☐

❼ 8−2=☐

❽ 9−2=☐

❾ 5−2=☐

❿ 3−2=☐

⓫ 2−2=☐

⓬ 6−2=☐

⓭ 7−2=☐

⓮ 4−2=☐

⓯ 9−2=☐

⓰ 8−2=☐

⓱
$$\begin{array}{r} 7 \\ -\ 2 \\ \hline \end{array}$$

⓲
$$\begin{array}{r} 2 \\ -\ 2 \\ \hline \end{array}$$

⓳
$$\begin{array}{r} 6 \\ -\ 2 \\ \hline \end{array}$$

⓴
$$\begin{array}{r} 5 \\ -\ 2 \\ \hline \end{array}$$

㉑
$$\begin{array}{r} 8 \\ -\ 2 \\ \hline \end{array}$$

㉒
$$\begin{array}{r} 9 \\ -\ 2 \\ \hline \end{array}$$

㉓
$$\begin{array}{r} 3 \\ -\ 2 \\ \hline \end{array}$$

㉔
$$\begin{array}{r} 4 \\ -\ 2 \\ \hline \end{array}$$

㉕ 9－2=☐   ㉖ 8－2=☐   ㉗ 7－2=☐

㉘ 6－2=☐   ㉙ 5－2=☐   ㉚ 4－2=☐

㉛ 3－2=☐   ㉜ 2－2=☐

㉝ 6－2=☐   ㉞ 2－2=☐   ㉟ 5－2=☐

㊱ 4－2=☐   ㊲ 3－2=☐   ㊳ 9－2=☐

㊴ 8－2=☐   ㊵ 7－2=☐

㊶
$$\begin{array}{r} 3 \\ -\ 2 \\ \hline \ \end{array}$$

㊷
$$\begin{array}{r} 9 \\ -\ 2 \\ \hline \ \end{array}$$

㊸
$$\begin{array}{r} 2 \\ -\ 2 \\ \hline \ \end{array}$$

㊹
$$\begin{array}{r} 6 \\ -\ 2 \\ \hline \ \end{array}$$

㊺
$$\begin{array}{r} 8 \\ -\ 2 \\ \hline \ \end{array}$$

㊻
$$\begin{array}{r} 4 \\ -\ 2 \\ \hline \ \end{array}$$

㊼
$$\begin{array}{r} 5 \\ -\ 2 \\ \hline \ \end{array}$$

㊽
$$\begin{array}{r} 7 \\ -\ 2 \\ \hline \ \end{array}$$

❶ $\begin{cases} 2-1= \boxed{} \\ 2-2= \boxed{} \end{cases}$ ❷ $\begin{cases} 3-1= \boxed{} \\ 3-2= \boxed{} \end{cases}$ ❸ $\begin{cases} 4-1= \boxed{} \\ 4-2= \boxed{} \end{cases}$

❹ $\begin{cases} 5-1= \boxed{} \\ 5-2= \boxed{} \end{cases}$ ❺ $\begin{cases} 6-1= \boxed{} \\ 6-2= \boxed{} \end{cases}$ ❻ $\begin{cases} 7-1= \boxed{} \\ 7-2= \boxed{} \end{cases}$

❼ $\begin{cases} 8-1= \boxed{} \\ 8-2= \boxed{} \end{cases}$ ❽ $\begin{cases} 9-1= \boxed{} \\ 9-2= \boxed{} \end{cases}$

❾ $3-1= \boxed{}$ ❿ $7-2= \boxed{}$ ⓫ $6-1= \boxed{}$

⓬ $5-2= \boxed{}$ ⓭ $8-1= \boxed{}$ ⓮ $9-2= \boxed{}$

⓯ $2-1= \boxed{}$ ⓰ $4-2= \boxed{}$ ⓱ $5-1= \boxed{}$

⓲ $8-2= \boxed{}$ ⓳ $6-1= \boxed{}$ ⓴ $4-1= \boxed{}$

㉑ $7-1= \boxed{}$ ㉒ $9-1= \boxed{}$ ㉓ $3-2= \boxed{}$

자르는 선

㉔ $4-1=\boxed{}$　　㉕ $7-2=\boxed{}$　　㉖ $2-1=\boxed{}$

㉗ $3-2=\boxed{}$　　㉘ $9-1=\boxed{}$　　㉙ $6-2=\boxed{}$

㉚ $8-1=\boxed{}$　　㉛ $5-2=\boxed{}$　　㉜ $1-1=\boxed{}$

㉝ $4-2=\boxed{}$　　㉞ $9-2=\boxed{}$　　㉟ $3-1=\boxed{}$

㊱ $6-1=\boxed{}$　　㊲ $8-2=\boxed{}$　　㊳ $5-1=\boxed{}$

㊴ $7-1=\boxed{}$　　㊵ $2-2=\boxed{}$

㊶
$$\begin{array}{r} 3 \\ -\ 1 \\ \hline \boxed{} \end{array}$$

㊷
$$\begin{array}{r} 7 \\ -\ 2 \\ \hline \boxed{} \end{array}$$

㊸
$$\begin{array}{r} 4 \\ -\ 1 \\ \hline \boxed{} \end{array}$$

㊹
$$\begin{array}{r} 2 \\ -\ 2 \\ \hline \boxed{} \end{array}$$

㊺
$$\begin{array}{r} 8 \\ -\ 1 \\ \hline \boxed{} \end{array}$$

㊻
$$\begin{array}{r} 9 \\ -\ 2 \\ \hline \boxed{} \end{array}$$

㊼
$$\begin{array}{r} 5 \\ -\ 1 \\ \hline \boxed{} \end{array}$$

㊽
$$\begin{array}{r} 6 \\ -\ 2 \\ \hline \boxed{} \end{array}$$

자르는 선

더하기 1 빼기 1

① $\begin{cases} 1+1=\boxed{} \\ 1-1=\boxed{} \end{cases}$ ② $\begin{cases} 2+1=\boxed{} \\ 2-1=\boxed{} \end{cases}$ ③ $\begin{cases} 3+1=\boxed{} \\ 3-1=\boxed{} \end{cases}$

④ $\begin{cases} 4+1=\boxed{} \\ 4-1=\boxed{} \end{cases}$ ⑤ $\begin{cases} 5+1=\boxed{} \\ 5-1=\boxed{} \end{cases}$ ⑥ $\begin{cases} 6+1=\boxed{} \\ 6-1=\boxed{} \end{cases}$

⑦ $\begin{cases} 7+1=\boxed{} \\ 7-1=\boxed{} \end{cases}$ ⑧ $\begin{cases} 8+1=\boxed{} \\ 8-1=\boxed{} \end{cases}$ ⑨ $\begin{cases} 9+1=\boxed{} \\ 9-1=\boxed{} \end{cases}$

⑩ $3+1=\boxed{}$ ⑪ $7-1=\boxed{}$ ⑫ $6+1=\boxed{}$

⑬ $4-1=\boxed{}$ ⑭ $2+1=\boxed{}$ ⑮ $9-1=\boxed{}$

⑯ $8+1=\boxed{}$ ⑰ $5-1=\boxed{}$ ⑱ $1+1=\boxed{}$

⑲ 3+1=☐

⑳ 7−1=☐

㉑ 6+1=☐

㉒ 9−1=☐

㉓ 8+1=☐

㉔ 2−2=☐

㉕ 4+1=☐

㉖ 5−1=☐

㉗ 1+1=☐

㉘ 1−1=☐

㉙ 7+1=☐

㉚ 9+1=☐

㉛ 8−1=☐

㉜ 6−1=☐

㉝ 3−1=☐

㉞ 5+1=☐

㉟ 2+1=☐

㊱ 4−1=☐

㊲ 3
  + 1
  ☐

㊳ 7
  − 1
  ☐

㊴ 6
  + 1
  ☐

㊵ 5
  − 1
  ☐

㊶ 9
  + 1
  ☐

㊷ 4
  − 1
  ☐

㊸ 8
  + 1
  ☐

㊹ 2
  − 1
  ☐

더하기 빼기 1과 2

① 5+1=☐　② 6+1=☐　③ 8+1=☐

④ 3+1=☐　⑤ 9+1=☐　⑥ 2+1=☐

⑦ 4+1=☐　⑧ 7+1=☐　⑨ 1+1=☐

⑩ 3−1=☐　⑪ 8−1=☐　⑫ 4−1=☐

⑬ 5−1=☐　⑭ 1−1=☐　⑮ 7−1=☐

⑯ 2−1=☐　⑰ 9−1=☐　⑱ 6−1=☐

⑲ 4+2=☐　⑳ 8+2=☐　㉑ 7+2=☐

㉒ 6+2=☐　㉓ 3+2=☐　㉔ 5+2=☐

㉕ 9−2=☐　㉖ 4−2=☐　㉗ 2−2=☐

㉘ 6−2=☐　㉙ 7−2=☐　㉚ 3−2=☐

월 일

㉛ $2+1=\square$

㉜ $7+2=\square$

㉝ $3-1=\square$

㉞ $4-2=\square$

㉟ $8+1=\square$

㊱ $5+2=\square$

㊲ $6-1=\square$

㊳ $9-2=\square$

㊴ $1+1=\square$

㊵ $5-1=\square$

㊶ $3+2=\square$

㊷ $4+1=\square$

㊸ $7-1=\square$

㊹ $9+1=\square$

㊺ $6+2=\square$

㊻ $2-2=\square$

㊼ $1+2=\square$

㊽ $8-2=\square$

㊾ $\begin{array}{r} 3 \\ -\ 2 \\ \hline \square \end{array}$

㊿ $\begin{array}{r} 7 \\ +\ 1 \\ \hline \square \end{array}$

(51) $\begin{array}{r} 6 \\ -\ 2 \\ \hline \square \end{array}$

(52) $\begin{array}{r} 5 \\ +\ 1 \\ \hline \square \end{array}$

(53) $\begin{array}{r} 8 \\ +\ 2 \\ \hline \square \end{array}$

(54) $\begin{array}{r} 4 \\ +\ 2 \\ \hline \square \end{array}$

(55) $\begin{array}{r} 9 \\ -\ 1 \\ \hline \square \end{array}$

(56) $\begin{array}{r} 2 \\ -\ 1 \\ \hline \square \end{array}$

자르는 선

정 답

1주 더하기 1

1~2쪽

① 2	② 3	③ 4	④ 5	⑤ 6	⑥ 7	⑦ 8	⑧ 9	⑨ 10	⑩ 6	⑪ 5	⑫ 3
⑬ 10	⑭ 2	⑮ 4	⑯ 8	⑰ 7	⑱ 9	⑲ 4	⑳ 7	㉑ 5	㉒ 6	㉓ 2	㉔ 3
㉕ 9	㉖ 8	㉗ 10	㉘ 9	㉙ 8	㉚ 7	㉛ 6	㉜ 5	㉝ 4	㉞ 3	㉟ 2	㊱ 4
㊲ 3	㊳ 8	㊴ 5	㊵ 10	㊶ 2	㊷ 9	㊸ 6	㊹ 7	㊺ 3	㊻ 9	㊼ 7	㊽ 6
㊾ 5	㊿ 2	(51) 8	(52) 4								

2주 더하기 1과 2

3~4쪽

① 3	② 4	③ 5	④ 6	⑤ 7	⑥ 8	⑦ 9	⑧ 10	⑨ 5	⑩ 4	⑪ 9	⑫ 6
⑬ 10	⑭ 3	⑮ 8	⑯ 7	⑰ 7	⑱ 4	⑲ 5	⑳ 9	㉑ 6	㉒ 3	㉓ 8	㉔ 10
㉕ 10	㉖ 9	㉗ 8	㉘ 7	㉙ 6	㉚ 5	㉛ 4	㉜ 3	㉝ 7	㉞ 6	㉟ 10	㊱ 5
㊲ 9	㊳ 8	㊴ 3	㊵ 4	㊶ 4	㊷ 5	㊸ 10	㊹ 8	㊺ 6	㊻ 7	㊼ 3	㊽ 9

3주 □가 있는 더하기

5~6쪽

① 2.3	② 3,4	③ 4,5	④ 5,6	⑤ 6,7	⑥ 7,8	⑦ 8,9	⑧ 9,10	⑨ 5	⑩ 7	⑪ 4	⑫ 10
⑬ 7	⑭ 9	⑮ 3	⑯ 3	⑰ 10	⑱ 6	⑲ 8	⑳ 5	㉑ 9	㉒ 8	㉓ 6	㉔ 4
㉕ 9	㉖ 7	㉗ 10	㉘ 10	㉙ 3	㉚ 3	㉛ 6	㉜ 6	㉝ 5	㉞ 4	㉟ 8	㊱ 9
㊲ 5	㊳ 7	㊴ 2	㊵ 8	㊶ 6	㊷ 6	㊸ 3	㊹ 9	㊺ 10	㊻ 10	㊼ 4	㊽ 8

4주 빼기 1

7~8쪽

① 0	② 1	③ 2	④ 3	⑤ 4	⑥ 5	⑦ 6	⑧ 7	⑨ 8	⑩ 2	⑪ 6	⑫ 5
⑬ 4	⑭ 8	⑮ 7	⑯ 1	⑰ 0	⑱ 3	⑲ 1	⑳ 6	㉑ 3	㉒ 5	㉓ 8	㉔ 7
㉕ 2	㉖ 4	㉗ 8	㉘ 7	㉙ 6	㉚ 5	㉛ 4	㉜ 3	㉝ 2	㉞ 1	㉟ 0	㊱ 4
㊲ 6	㊳ 1	㊴ 7	㊵ 3	㊶ 2	㊷ 0	㊸ 8	㊹ 5	㊺ 2	㊻ 6	㊼ 5	㊽ 3
㊾ 1	㊿ 8	(51) 4	(52) 2								

5주 빼기 1과 2

9~10쪽

① 0	② 1	③ 2	④ 3	⑤ 4	⑥ 5	⑦ 6	⑧ 7	⑨ 3	⑩ 1	⑪ 0	⑫ 4
⑬ 5	⑭ 2	⑮ 7	⑯ 6	⑰ 5	⑱ 0	⑲ 4	⑳ 3	㉑ 6	㉒ 7	㉓ 1	㉔ 2
㉕ 7	㉖ 6	㉗ 5	㉘ 4	㉙ 3	㉚ 2	㉛ 1	㉜ 0	㉝ 4	㉞ 0	㉟ 3	㊱ 2
㊲ 1	㊳ 7	㊴ 6	㊵ 5	㊶ 1	㊷ 7	㊸ 0	㊹ 4	㊺ 6	㊻ 2	㊼ 3	㊽ 5

6주 □가 있는 빼기

11~12쪽

① 1,0	② 2,1	③ 3,2	④ 4,3	⑤ 5,4	⑥ 6,5	⑦ 7,6	⑧ 8,7	⑨ 2	⑩ 5	⑪ 5	⑫ 3
⑬ 7	⑭ 7	⑮ 1	⑯ 2	⑰ 4	⑱ 6	⑲ 5	⑳ 3	㉑ 6	㉒ 8	㉓ 1	㉔ 3
㉕ 5	㉖ 1	㉗ 1	㉘ 8	㉙ 4	㉚ 7	㉛ 3	㉜ 0	㉝ 2	㉞ 7	㉟ 2	㊱ 5
㊲ 6	㊳ 4	㊴ 6	㊵ 0	㊶ 2	㊷ 5	㊸ 3	㊹ 0	㊺ 7	㊻ 7	㊼ 4	㊽ 4

7주 더하기 1 빼기 1

13~14쪽

① 2,0	② 3,1	③ 4,2	④ 5,3	⑤ 6,4	⑥ 7,5	⑦ 8,6	⑧ 9,7	⑨ 10,8	⑩ 4	⑪ 6	⑫ 7
⑬ 3	⑭ 3	⑮ 8	⑯ 9	⑰ 4	⑱ 2	⑲ 4	⑳ 6	㉑ 7	㉒ 8	㉓ 9	㉔ 0
㉕ 5	㉖ 4	㉗ 2	㉘ 0	㉙ 8	㉚ 10	㉛ 7	㉜ 5	㉝ 2	㉞ 6	㉟ 3	㊱ 3
㊲ 4	㊳ 6	㊴ 7	㊵ 4	㊶ 10	㊷ 3	㊸ 9	㊹ 1				

8주 더하기 빼기 1과 2

15~16쪽

① 6	② 7	③ 9	④ 4	⑤ 10	⑥ 3	⑦ 5	⑧ 8	⑨ 2	⑩ 2	⑪ 7	⑫ 3
⑬ 4	⑭ 0	⑮ 6	⑯ 1	⑰ 8	⑱ 5	⑲ 6	⑳ 10	㉑ 9	㉒ 8	㉓ 5	㉔ 7
㉕ 7	㉖ 2	㉗ 0	㉘ 4	㉙ 5	㉚ 1	㉛ 3	㉜ 9	㉝ 2	㉞ 2	㉟ 9	㊱ 7
㊲ 5	㊳ 7	㊴ 2	㊵ 4	㊶ 5	㊷ 5	㊸ 6	㊹ 10	㊺ 8	㊻ 0	㊼ 3	㊽ 6
㊾ 1	㊿ 8	(51) 4	(52) 6	(53) 10	(54) 6	(55) 8	(56) 1				

사고셈

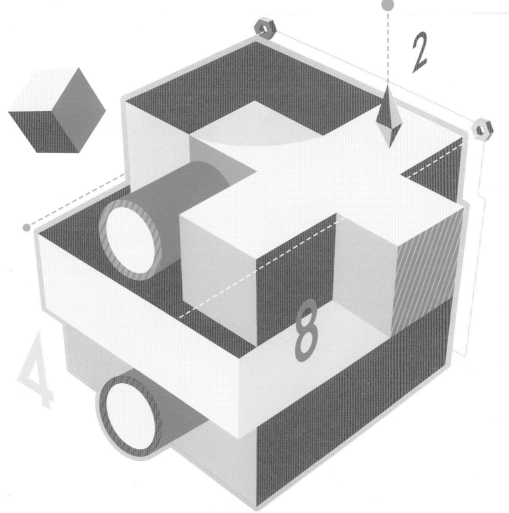

6세 2호

이 책의 구성과 특징

생각의 힘을 키우는 사고(思考)셈은 1주 4개, 8주 32개의 사고력 유형 학습을 통해 수와 연산에 대한 개념의 응용력(추론 및 문제해결능력)을 키울 수 있도록 하였습니다.

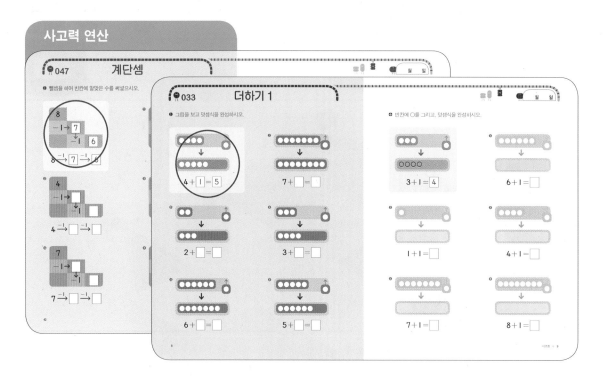

🔸 대표 사고력 유형으로 연산 원리를 쉽게쉽게
🔸 1~4일차: 다양한 유형의 주 진도 학습

🔸 5일차 점검 학습: 주 진도 학습 확인

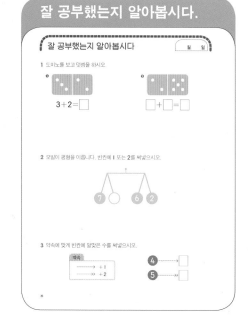

권두부록 (기본연산 Check-Book)

기본연산 Check-Book

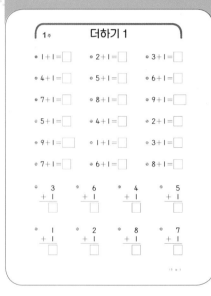

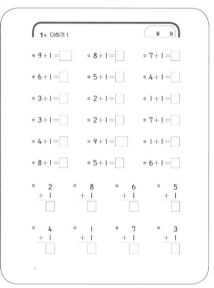

◆ 본 학습 전 기본연산 실력 진단

권말부록 (G-Book)

Guide Book(정답 및 해설)

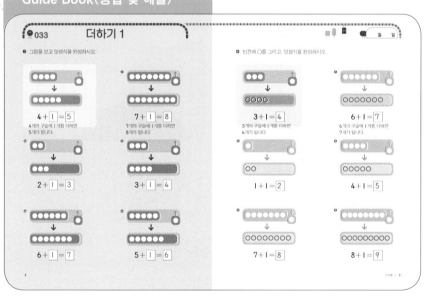

◆ 문제와 답을 한 눈에!

◆ 상세한 풀이와 친절한 해설, 답

학습 효과 및 활용법

········ ▲ 학습 효과

수학적 사고력 향상

생각의 다양성 향상

스스로 생각을 만드는 직관 학습

추론능력, 문제해결력 향상

연산의 원리 이해

수·연산 영역 완벽 대비

다양한 유형으로 수 조작력 향상

진도 학습 및 점검 학습으로
연산 학습 완성

사고셈

········ ▲ 주차별 활용법

1단계
기본연산
Check-Book으로
준비 학습

2단계
사고력 유형으로
진도 학습

3단계
마무리 문제로
점검 학습

1단계 : 기본연산 Check-Book으로 사고력 연산을 위한 준비 학습을 합니다.
2단계 : 사고력 유형으로 사고력 연산의 진도 학습을 합니다.
3단계 : 한 주마다 점검 학습(잘 공부했는지 알아봅시다)으로 사고력 향상을 확인합니다.

학습 구성

6세

1호	10까지의 수
2호	더하기 빼기 1과 2
3호	합이 9까지인 덧셈
4호	한 자리 수의 뺄셈과 세 수의 계산

7세

1호	한 자리 수의 덧셈과 뺄셈
2호	10 만들기
3호	50까지의 수
4호	더하기 빼기 1과 2, 10과 20

초등 1

1호	덧셈구구
2호	뺄셈구구와 덧셈, 뺄셈 혼합
3호	100까지의 수, 1000까지의 수
4호	받아올림, 받아내림 없는 두 자리 수의 계산

초등 2

1호	두 자리 수와 한 자리 수의 덧셈과 뺄셈
2호	두 자리 수의 덧셈과 뺄셈
3호	곱셈구구
4호	곱셈과 나눗셈 구구

초등 3

1호	세·네 자리 수의 덧셈과 뺄셈5
2호	분수와 소수의 기초
3호	두 자리 수의 곱셈과 나눗셈
4호	분수

초등 4

1호	분수의 덧셈과 뺄셈
2호	혼합 계산
3호	소수의 덧셈과 뺄셈
4호	어림하기

이 책의 학습 로드맵

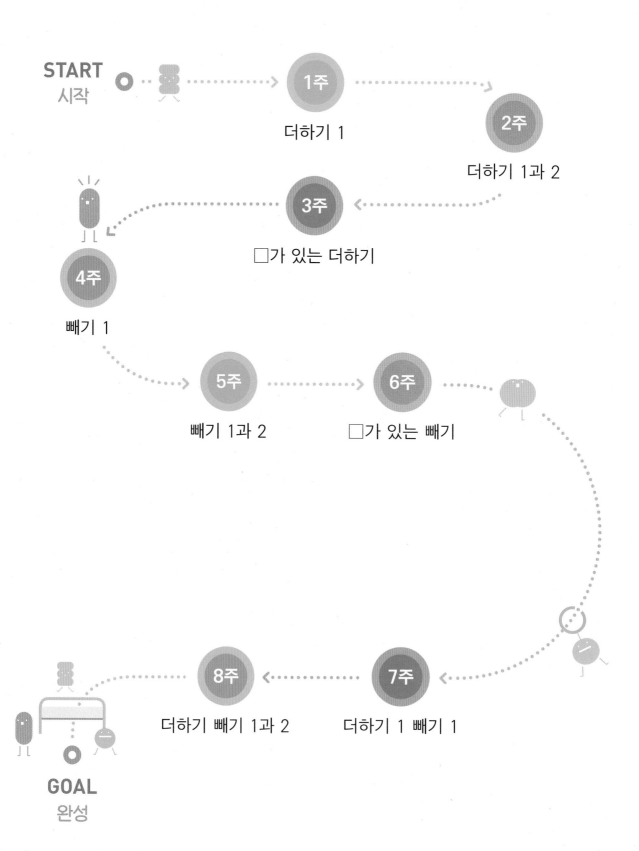

START
시작

1주
더하기 1

2주
더하기 1과 2

3주
□가 있는 더하기

4주
빼기 1

5주
빼기 1과 2

6주
□가 있는 빼기

7주
더하기 1 빼기 1

8주
더하기 빼기 1과 2

GOAL
완성

1 더하기 1

더하기 1

● 그림을 보고 덧셈식을 완성하시오.

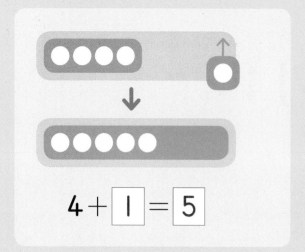

$4 + \boxed{1} = \boxed{5}$

①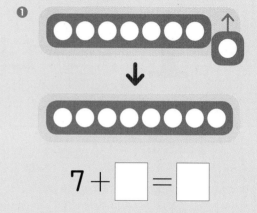

$7 + \boxed{} = \boxed{}$

②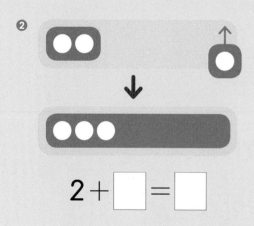

$2 + \boxed{} = \boxed{}$

③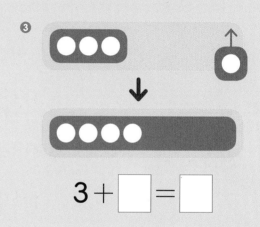

$3 + \boxed{} = \boxed{}$

④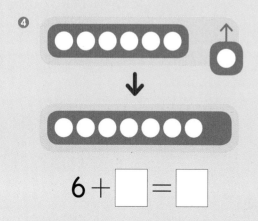

$6 + \boxed{} = \boxed{}$

⑤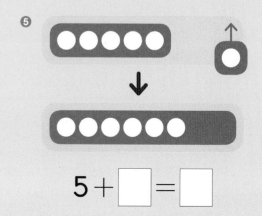

$5 + \boxed{} = \boxed{}$

➕ 빈칸에 ○를 그리고, 덧셈식을 완성하시오.

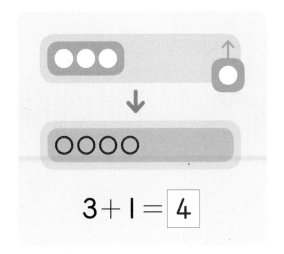

$3 + 1 = \boxed{4}$

❶

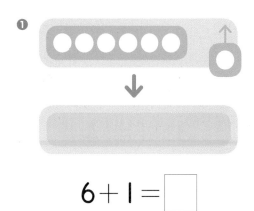

$6 + 1 = \boxed{}$

❷

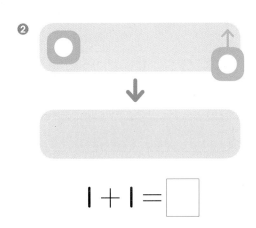

$1 + 1 = \boxed{}$

❸

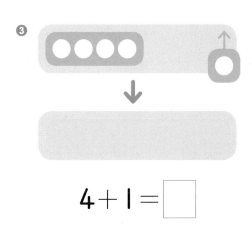

$4 + 1 = \boxed{}$

❹

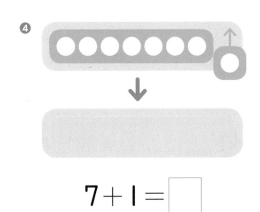

$7 + 1 = \boxed{}$

❺

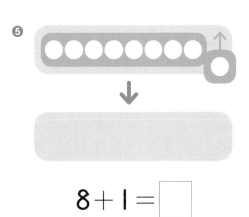

$8 + 1 = \boxed{}$

앞으로 1칸

수직선에서 앞으로 1칸 뛰어 센 수에 색칠하고 덧셈을 하시오.

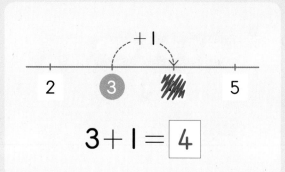

$$3+1=\boxed{4}$$

❶

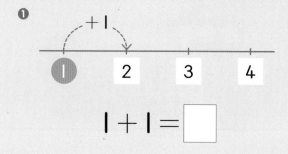

$$1+1=\boxed{}$$

❷

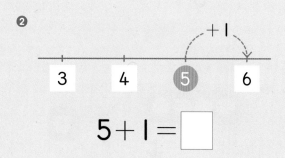

$$5+1=\boxed{}$$

❸

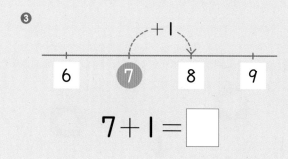

$$7+1=\boxed{}$$

❹

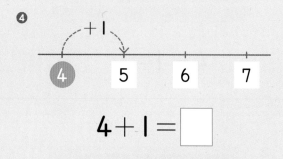

$$4+1=\boxed{}$$

❺

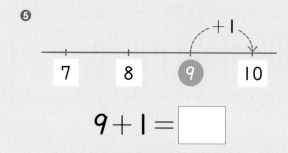

$$9+1=\boxed{}$$

❻

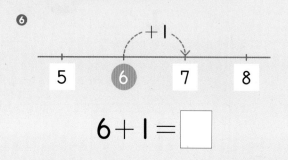

$$6+1=\boxed{}$$

❼

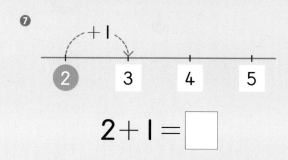

$$2+1=\boxed{}$$

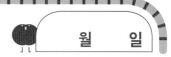

⊕ 수직선을 보고 빈칸에 알맞은 수를 써넣으시오.

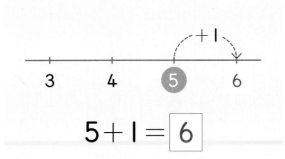

$$5+1=\boxed{6}$$

❶

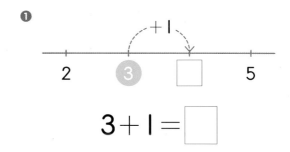

$$3+1=\boxed{}$$

❷

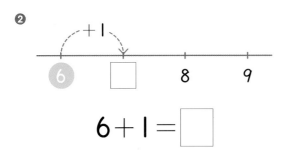

$$6+1=\boxed{}$$

❸

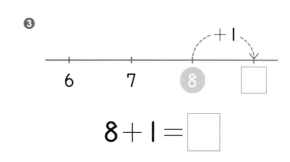

$$8+1=\boxed{}$$

❹

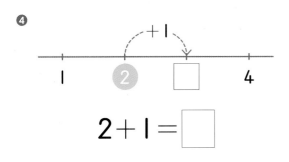

$$2+1=\boxed{}$$

❺

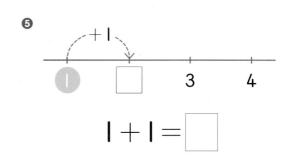

$$1+1=\boxed{}$$

❻

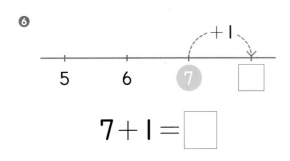

$$7+1=\boxed{}$$

❼

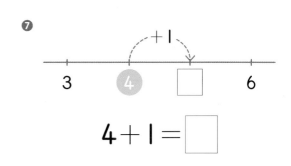

$$4+1=\boxed{}$$

035 바꾸어 더하기

◑ 덧셈식의 두 수를 바꾸어 더하시오.

$$6 + 1 = \boxed{7}$$
$$1 + 6 = \boxed{7}$$

❶
$$4 + 1 = \square$$
$$1 + 4 = \square$$

❷
$$7 + 1 = \square$$
$$1 + 7 = \square$$

❸
$$3 + 1 = \square$$
$$1 + 3 = \square$$

❹
$$5 + 1 = \square$$
$$1 + 5 = \square$$

❺
$$2 + 1 = \square$$
$$1 + 2 = \square$$

❻
$$8 + 1 = \square$$
$$1 + 8 = \square$$

❼
$$9 + 1 = \square$$
$$1 + 9 = \square$$

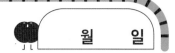

✚ ☐ 안에 알맞은 수를 써넣으시오.

$6+1=\boxed{7}$

$1+6=\boxed{7}$

❶ $8+1=\square$

$1+8=\square$

❷ $5+1=\square$

$1+5=\square$

❸ $2+1=\square$

$1+2=\square$

❹ $7+1=\square$

$1+7=\square$

❺ $4+1=\square$

$1+4=\square$

$\begin{array}{r} 3 \\ +\ 1 \\ \hline \boxed{4} \end{array}$ $\begin{array}{r} 1 \\ +\ 3 \\ \hline \boxed{4} \end{array}$

❻ $\begin{array}{r} 5 \\ +\ 1 \\ \hline \square \end{array}$ $\begin{array}{r} 1 \\ +\ 5 \\ \hline \square \end{array}$

❼ $\begin{array}{r} 8 \\ +\ 1 \\ \hline \square \end{array}$ $\begin{array}{r} 1 \\ +\ 8 \\ \hline \square \end{array}$

❽ $\begin{array}{r} 7 \\ +\ 1 \\ \hline \square \end{array}$ $\begin{array}{r} 1 \\ +\ 7 \\ \hline \square \end{array}$

❾ $\begin{array}{r} 4 \\ +\ 1 \\ \hline \square \end{array}$ $\begin{array}{r} 1 \\ +\ 4 \\ \hline \square \end{array}$

❿ $\begin{array}{r} 9 \\ +\ 1 \\ \hline \square \end{array}$ $\begin{array}{r} 1 \\ +\ 9 \\ \hline \square \end{array}$

상하셈

● 선으로 이어진 두 수를 더하여 ◯ 안에 써넣으시오.

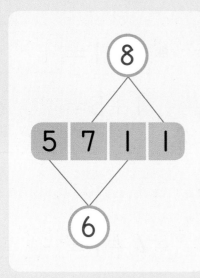

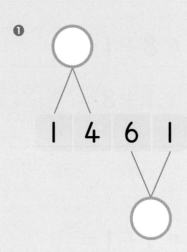

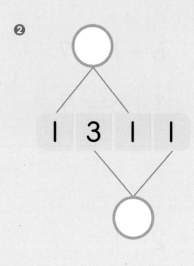

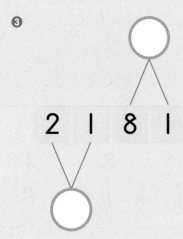

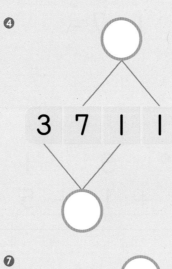

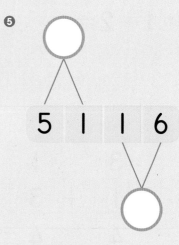

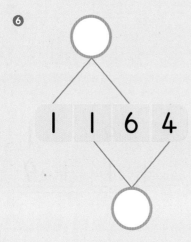

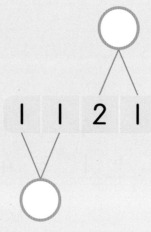

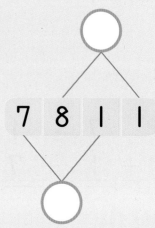

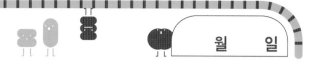

➕ 두 수를 더한 합이 ⬤ 안의 수가 되도록 선을 이으시오.

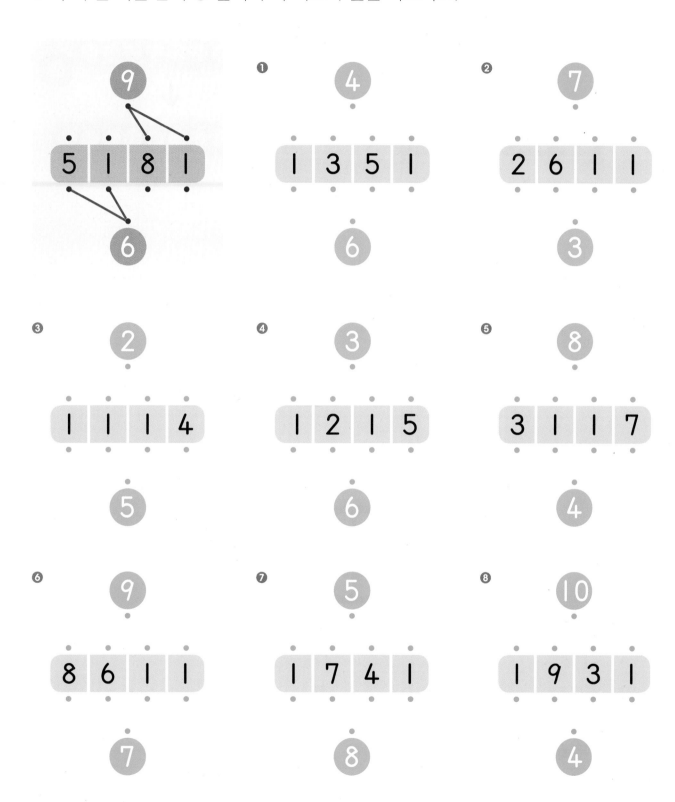

1 그림을 보고 덧셈을 하시오.

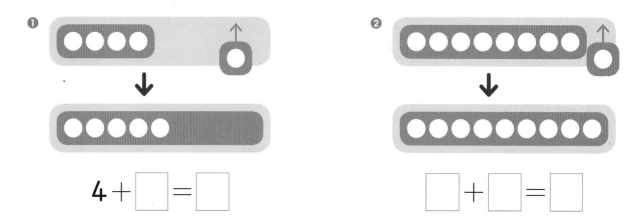

❶ $4 + \boxed{} = \boxed{}$

❷ $\boxed{} + \boxed{} = \boxed{}$

2 수직선을 보고 □ 안에 알맞은 수를 써넣으시오.

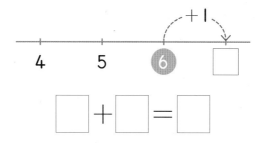

$\boxed{} + \boxed{} = \boxed{}$

3 그림을 보고 □ 안에 알맞은 수를 써넣으시오.

$3 + 5 = \boxed{}$

$5 + 3 = \boxed{}$

4 합이 ● 안의 수가 되는 두 수에 ○표 하시오.

❶ 6 ⟶ 5 4 1

❷ 9 ⟶ 8 1 7

16

2

더하기 1과 2

더하기 2

그림을 보고 덧셈식을 완성하시오.

$6 + \boxed{2} = \boxed{8}$

❶ $4 + \square = \square$

❷ $3 + \square = \square$

❸ $5 + \square = \square$

❹ $1 + \square = \square$

❺ $7 + \square = \square$

❻ $2 + \square = \square$

❼ $8 + \square = \square$

⊕ 더하는 수만큼 오른쪽 칸에 ◯를 그리고, 덧셈을 하시오.

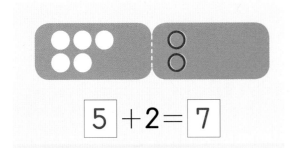

$$\boxed{5} + 2 = \boxed{7}$$

❶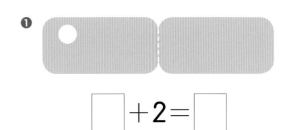

$$\boxed{} + 2 = \boxed{}$$

❷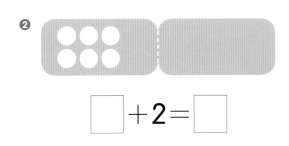

$$\boxed{} + 2 = \boxed{}$$

❸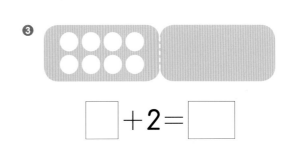

$$\boxed{} + 2 = \boxed{}$$

❹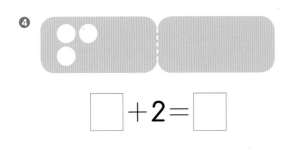

$$\boxed{} + 2 = \boxed{}$$

❺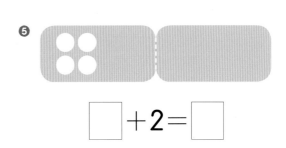

$$\boxed{} + 2 = \boxed{}$$

❻

$$\boxed{} + 2 = \boxed{}$$

❼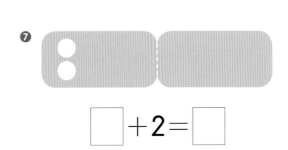

$$\boxed{} + 2 = \boxed{}$$

앞으로 2칸

◑ 수직선에서 **2** 뛰어 센 수에 색칠하고 덧셈을 하시오.

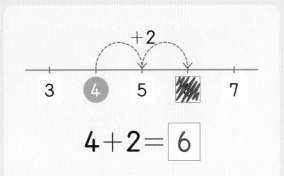

$$4+2=\boxed{6}$$

❶

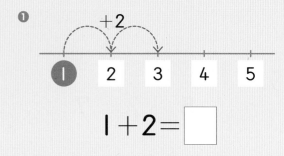

$$1+2=\boxed{}$$

❷

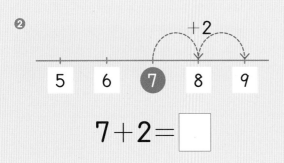

$$7+2=\boxed{}$$

❸

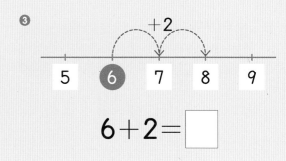

$$6+2=\boxed{}$$

❹

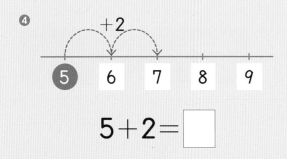

$$5+2=\boxed{}$$

❺

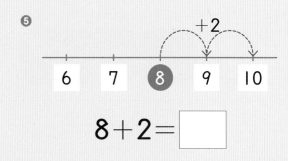

$$8+2=\boxed{}$$

❻

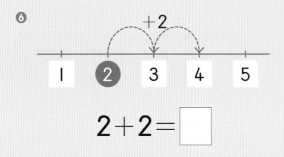

$$2+2=\boxed{}$$

❼

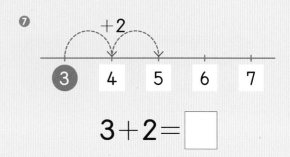

$$3+2=\boxed{}$$

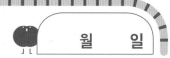

✢ 수직선을 보고 빈칸에 알맞은 수를 써넣으시오.

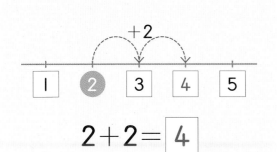

$$2+2=\boxed{4}$$

①

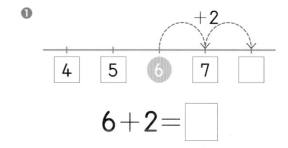

$$6+2=\boxed{}$$

②

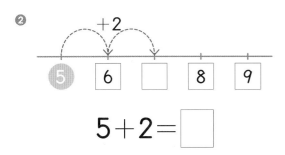

$$5+2=\boxed{}$$

③

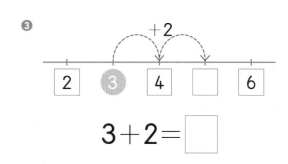

$$3+2=\boxed{}$$

④

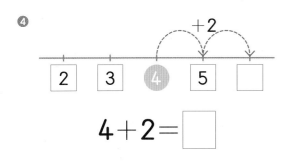

$$4+2=\boxed{}$$

⑤

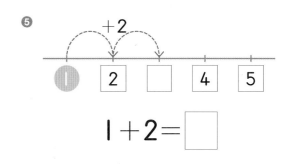

$$1+2=\boxed{}$$

⑥

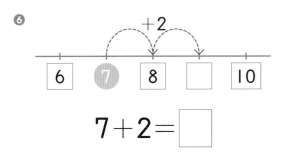

$$7+2=\boxed{}$$

⑦

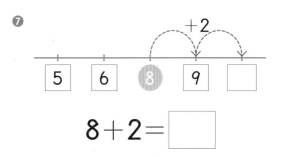

$$8+2=\boxed{}$$

모빌셈

◑ 모빌이 평형을 이룹니다. 빈칸에 알맞은 수를 써넣으시오.

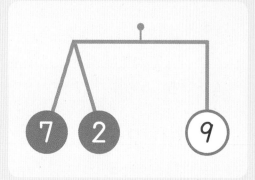

❶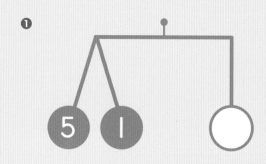

❷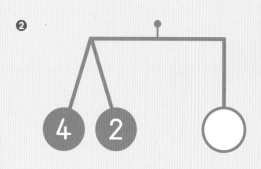

❸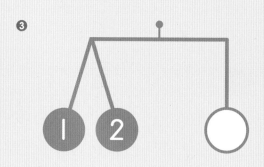

❹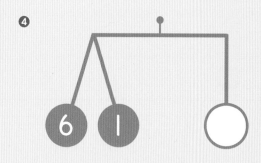

❺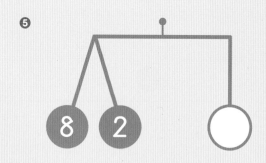

❻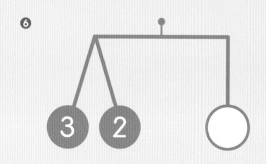

❼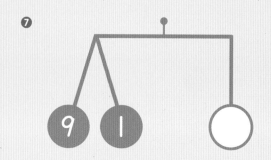

⊕ 모빌이 평형을 이룹니다. 빈칸에 **1** 또는 **2**를 써넣으시오.

3 2   4 (1)

❶

4 ( )   5 1

❷
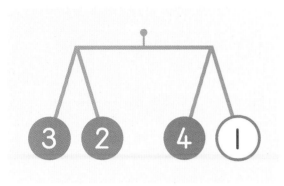

7 1   6 ( )

❸
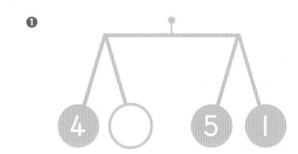

9 ( )   8 2

❹
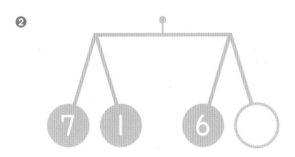

1 2   2 ( )

❺
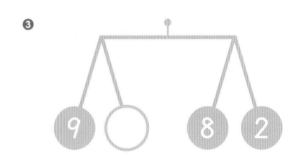

8 ( )   7 2

❻
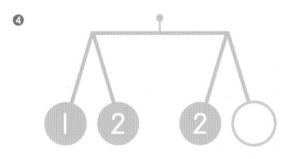

6 1   5 ( )

❼
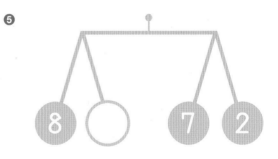

2 ( )   3 1

화살표 약속

● 화살표 약속에 맞게 빈칸에 알맞은 수를 써넣으시오.

약속

$$\longrightarrow \quad +1$$
$$\longrightarrow\!\!\!\rightarrow \quad +2$$

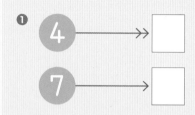

9 → 10

3 →→ 5

❶ 4 →→ ☐

7 → ☐

❷ 2 → ☐

5 →→ ☐

❸ 6 →→ ☐

1 → ☐

❹ 8 → ☐

2 →→ ☐

❺ 7 →→ ☐

3 → ☐

❻ 5 → ☐

8 →→ ☐

❼ 3 →→ ☐

6 → ☐

❽ 4 → ☐

1 →→ ☐

❾ 3 →→ ☐

2 → ☐

❿ 9 → ☐

4 →→ ☐

● 화살표 약속에 맞게 > 또는 ≫를 그리시오.

7 —→ 8

6 —≫ 8

❶ 3 —— 5

2 —— 3

❷ 7 —— 8

8 —— 9

❸ 9 —— 10

4 —— 6

❹ 5 —— 7

1 —— 3

❺ 4 —— 6

3 —— 4

❻ 8 —— 10

5 —— 6

❼ 4 —— 5

7 —— 9

❽ 2 —— 4

1 —— 2

❾ 6 —— 7

7 —— 8

❿ 2 —— 4

8 —— 9

⓫ 5 —— 7

4 —— 6

1 도미노를 보고 덧셈을 하시오.

❶
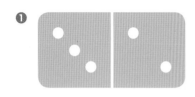

$3 + 2 =$ ☐

❷
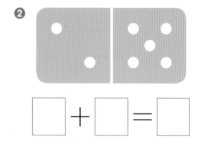

☐ $+$ ☐ $=$ ☐

2 모빌이 평형을 이룹니다. 빈칸에 **1** 또는 **2**를 써넣으시오.

3 약속에 맞게 빈칸에 알맞은 수를 써넣으시오.

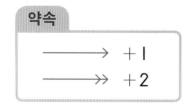

약속

⟶ +1
⟶⟶ +2

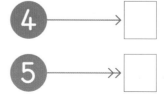

4 ⟶ ☐

5 ⟶⟶ ☐

3 □가 있는 더하기

네모셈

● □ 안에 들어갈 수만큼 ○표 하고, 알맞은 수를 써넣으시오.

$6 + \boxed{2} = 8$

①

$4 + \boxed{} = 5$

②

$3 + \boxed{} = 4$

③

$8 + \boxed{} = 10$

④

$1 + \boxed{} = 3$

⑤

$9 + \boxed{} = 10$

⑥

$2 + \boxed{} = 4$

⑦

$5 + \boxed{} = 6$

⑧

$7 + \boxed{} = 9$

⑨

$8 + \boxed{} = 9$

⑩

$3 + \boxed{} = 5$

⑪

$6 + \boxed{} = 7$

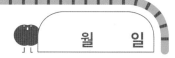

● □ 안에 들어가는 수에 ○표 하고, 알맞은 수를 써넣으시오.

$$5 + \boxed{1} = 6$$
①　2

❶ $1 + \boxed{} = 3$
1　2

❷ $7 + \boxed{} = 8$
1　2

❸ $2 + \boxed{} = 4$
1　2

❹ $9 + \boxed{} = 10$
1　2

❺ $6 + \boxed{} = 8$
1　2

$$\begin{array}{r} 3 \\ +\ \boxed{2} \\ \hline 5 \end{array}$$
1　②

❻ $\begin{array}{r} 8 \\ +\ \boxed{} \\ \hline 10 \end{array}$
1　2

❼ $\begin{array}{r} 4 \\ +\ \boxed{} \\ \hline 5 \end{array}$
1　2

❽ $\begin{array}{r} 7 \\ +\ \boxed{} \\ \hline 9 \end{array}$
1　2

❾ $\begin{array}{r} 6 \\ +\ \boxed{} \\ \hline 7 \end{array}$
1　2

❿ $\begin{array}{r} 5 \\ +\ \boxed{} \\ \hline 7 \end{array}$
1　2

비행접시

계산에 맞게 선을 그으시오.

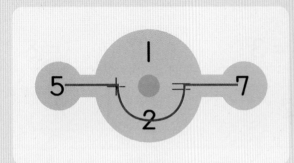

①

$$3 + \genfrac{}{}{0pt}{}{1}{2} = 4$$

②

$$2 + \genfrac{}{}{0pt}{}{1}{2} = 3$$

③

$$7 + \genfrac{}{}{0pt}{}{1}{2} = 9$$

④

$$8 + \genfrac{}{}{0pt}{}{1}{2} = 9$$

⑤

$$6 + \genfrac{}{}{0pt}{}{1}{2} = 8$$

⑥

$$4 + \genfrac{}{}{0pt}{}{1}{2} = 6$$

⑦

$$9 + \genfrac{}{}{0pt}{}{1}{2} = 10$$

⑧

$$1 + \genfrac{}{}{0pt}{}{1}{2} = 3$$

⑨

$$5 + \genfrac{}{}{0pt}{}{1}{2} = 6$$

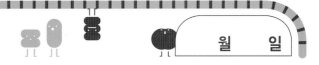
✛ ○ 안에 알맞은 수를 써넣으시오.

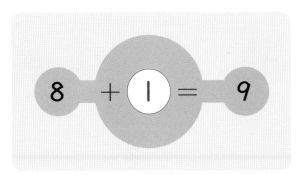
$8 + 1 = 9$

①
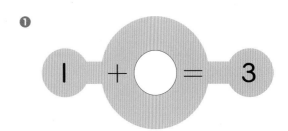
$1 + \bigcirc = 3$

②
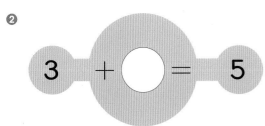
$3 + \bigcirc = 5$

③
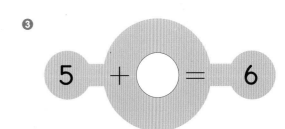
$5 + \bigcirc = 6$

④
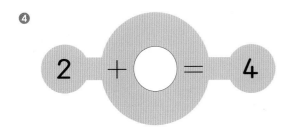
$2 + \bigcirc = 4$

⑤
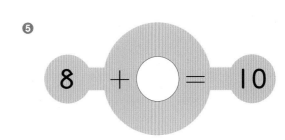
$8 + \bigcirc = 10$

⑥
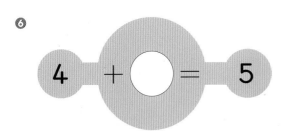
$4 + \bigcirc = 5$

⑦
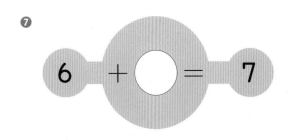
$6 + \bigcirc = 7$

⑧
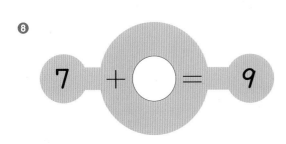
$7 + \bigcirc = 9$

⑨
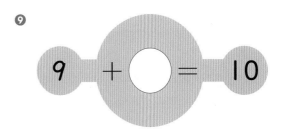
$9 + \bigcirc = 10$

일이덧셈표

● 빈칸에 알맞은 수를 써넣으시오.

+	1	2
3	4	5
5	6	7
6	7	8

❶

+	2	1
1		
4		
8		

❷

+	1	2
2		
4		
7		

❸

+	2	1
3		
7		

❹

+	1	2
2		
6		

❺

+	2	1
8		
4		

❻

+	1	2
8		
6		
4		

❼

+	2	1
7		
5		
1		

❽

+	1	2
7		
4		
2		

⊕ 빈칸에 알맞은 수를 써넣으시오.

+	2	1
4	6	5
6	8	7
5	7	6

❶

+	1	2
8		
		6
1		

❷

+	2	1
7		
1		
	5	

❸

+	1	2
5		
		10

❹

+	2	1
	9	
6		

❺

+	1	2
3		
	7	

❻

+	2	1
8		
4		
	7	

❼

+	1	2
		7
3		
2		

❽

+	2	1
4		
		2
7		

하우스

◑ 빈칸에 알맞은 수를 써넣으시오.

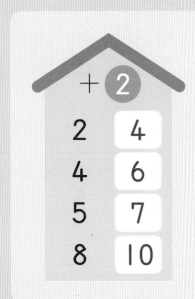

+2

2	4
4	6
5	7
8	10

❶

+1

9	
1	
3	
6	

❷

+2

7	
5	
6	
3	

❸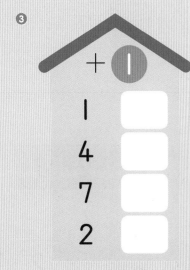

+1

1	
4	
7	
2	

❹

+2

6	
3	
8	
4	

❺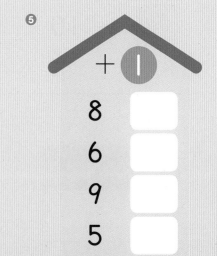

+1

8	
6	
9	
5	

● 빈칸에 알맞은 수를 써넣으시오.

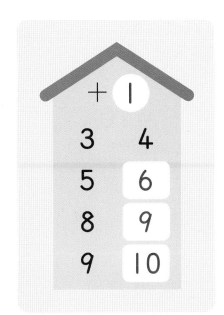

+	1
3	4
5	6
8	9
9	10

❶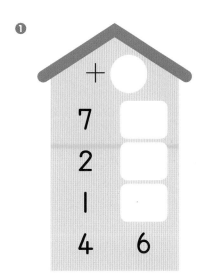

+	
7	
2	
1	
4	6

❷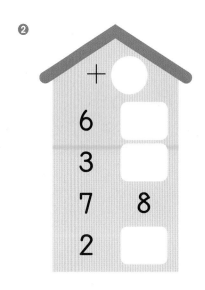

+	
6	
3	
7	8
2	

❸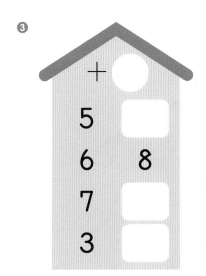

+	
5	
6	8
7	
3	

❹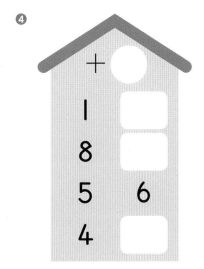

+	
1	
8	
5	6
4	

❺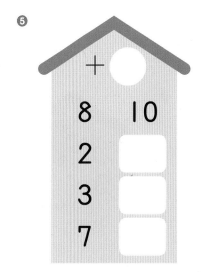

+	
8	10
2	
3	
7	

1 □ 안에 들어가는 수만큼 ○표 하고 알맞은 수를 써넣으시오.

❶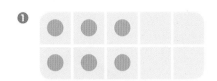

$$6 + \boxed{} = 7$$

❷

$$8 + \boxed{} = 10$$

2 계산에 맞게 선을 그으시오.

❶

$$4 \quad + \quad \begin{matrix} 1 \\ 2 \end{matrix} \quad = \quad 6$$

❷

$$7 \quad + \quad \begin{matrix} 1 \\ 2 \end{matrix} \quad = \quad 8$$

3 빈칸에 알맞은 수를 써넣으시오.

❶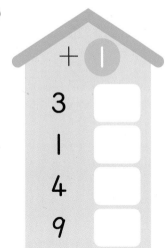

+ 1

3
1
4
9

❷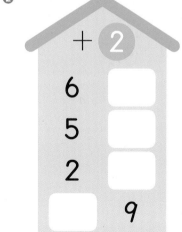

+ 2

6
5
2
        9

4 빼기 1

빼기 1

● 그림을 보고 뺄셈식을 완성하시오.

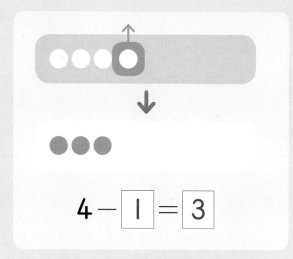

$$4 - 1 = 3$$

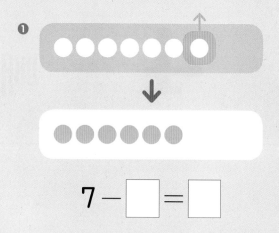

❶

$$7 - \boxed{} = \boxed{}$$

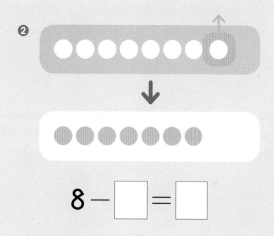

❷

$$8 - \boxed{} = \boxed{}$$

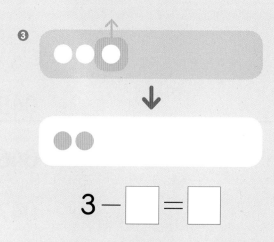

❸

$$3 - \boxed{} = \boxed{}$$

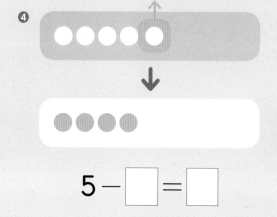

❹

$$5 - \boxed{} = \boxed{}$$

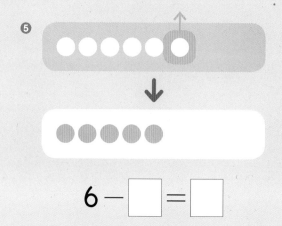

❺

$$6 - \boxed{} = \boxed{}$$

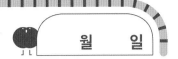
✛ 빈칸에 ○를 그리고, 뺄셈식을 완성하시오.

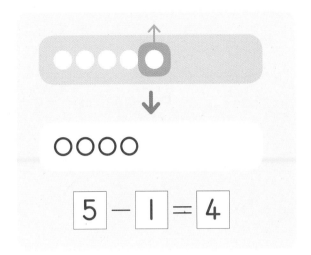

○○○○

$5 - 1 = 4$

❶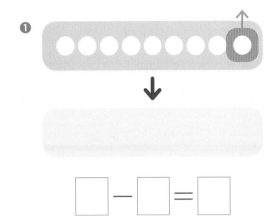

$\square - \square = \square$

❷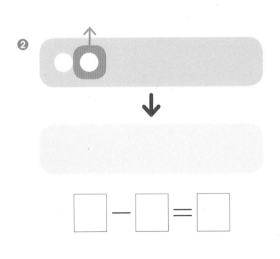

$\square - \square = \square$

❸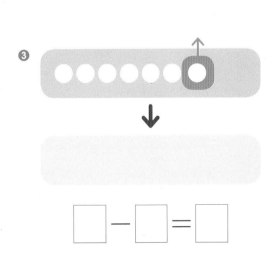

$\square - \square = \square$

❹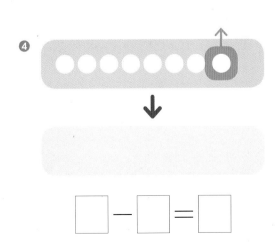

$\square - \square = \square$

❺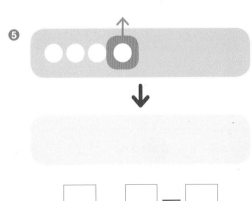

$\square - \square = \square$

거꾸로 1칸

● 수직선에서 거꾸로 1칸 뛰어 센 수에 색칠하고 뺄셈을 하시오.

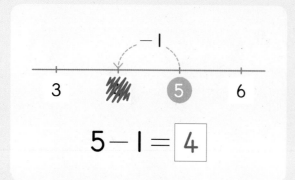

$$5 - 1 = \boxed{4}$$

①

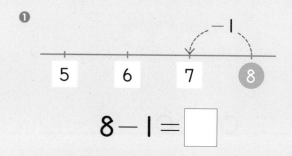

$$8 - 1 = \boxed{}$$

②

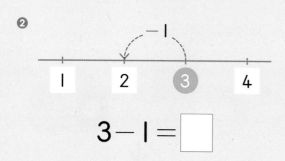

$$3 - 1 = \boxed{}$$

③

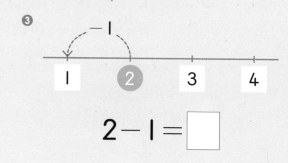

$$2 - 1 = \boxed{}$$

④

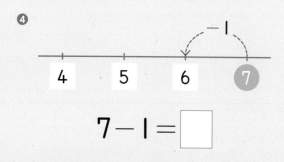

$$7 - 1 = \boxed{}$$

⑤

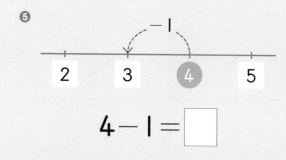

$$4 - 1 = \boxed{}$$

⑥

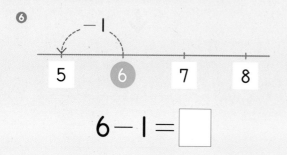

$$6 - 1 = \boxed{}$$

⑦

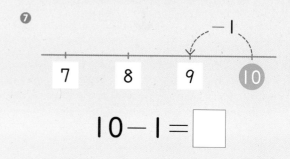

$$10 - 1 = \boxed{}$$

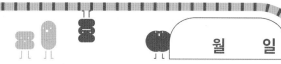
✚ 수직선을 보고 빈칸에 알맞은 수를 써넣으시오.

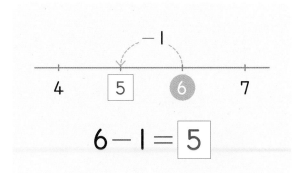

$6-1=\boxed{5}$

❶

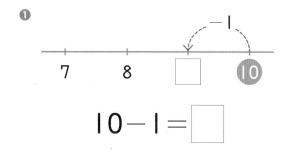

$10-1=\boxed{}$

❷

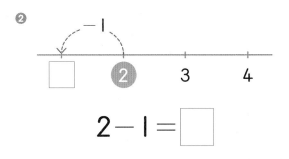

$2-1=\boxed{}$

❸

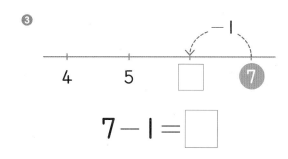

$7-1=\boxed{}$

❹

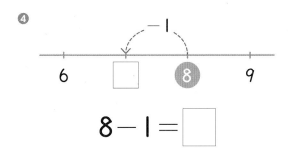

$8-1=\boxed{}$

❺

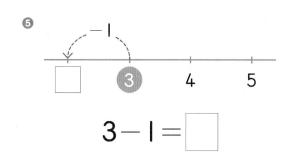

$3-1=\boxed{}$

❻

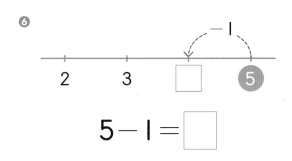

$5-1=\boxed{}$

❼

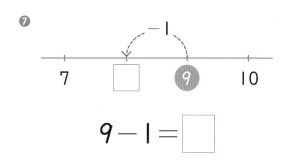

$9-1=\boxed{}$

계단셈

● 뺄셈을 하여 빈칸에 알맞은 수를 써넣으시오.

$$8 \xrightarrow{-1} 7 \xrightarrow{-1} 6$$

①

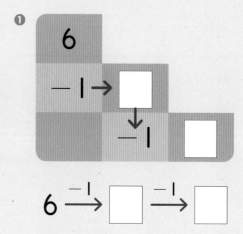

$$6 \xrightarrow{-1} \boxed{} \xrightarrow{-1} \boxed{}$$

②

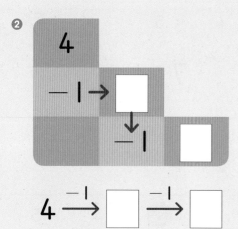

$$4 \xrightarrow{-1} \boxed{} \xrightarrow{-1} \boxed{}$$

③

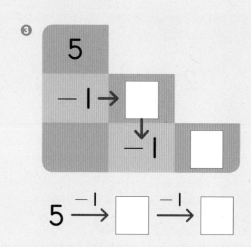

$$5 \xrightarrow{-1} \boxed{} \xrightarrow{-1} \boxed{}$$

④

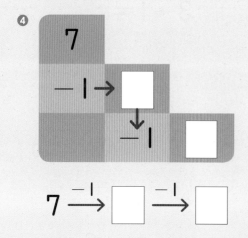

$$7 \xrightarrow{-1} \boxed{} \xrightarrow{-1} \boxed{}$$

⑤

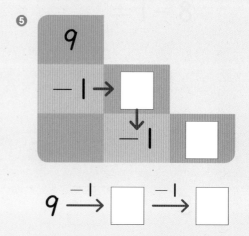

$$9 \xrightarrow{-1} \boxed{} \xrightarrow{-1} \boxed{}$$

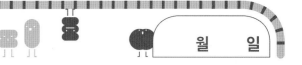

● 빈칸에 알맞은 수를 써넣으시오.

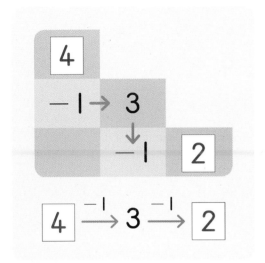

$$4 \xrightarrow{-1} 3 \xrightarrow{-1} 2$$

①

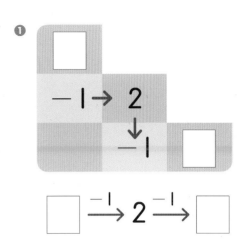

$$\boxed{} \xrightarrow{-1} 2 \xrightarrow{-1} \boxed{}$$

②

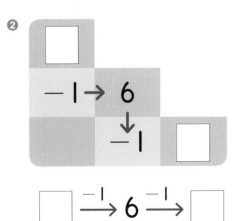

$$\boxed{} \xrightarrow{-1} 6 \xrightarrow{-1} \boxed{}$$

③

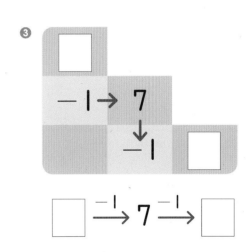

$$\boxed{} \xrightarrow{-1} 7 \xrightarrow{-1} \boxed{}$$

④

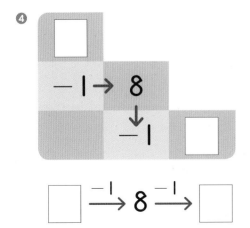

$$\boxed{} \xrightarrow{-1} 8 \xrightarrow{-1} \boxed{}$$

⑤

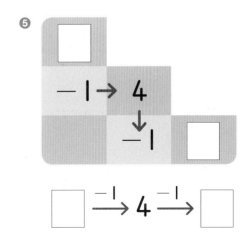

$$\boxed{} \xrightarrow{-1} 4 \xrightarrow{-1} \boxed{}$$

도형 안 수

● 도형 안의 두 수를 □ 안에 넣어 뺄셈식을 완성하시오.

6 7 $\boxed{7} - 1 = \boxed{6}$

① 9 8 $\square - 1 = \square$

② 3 4 $\square - 1 = \square$

③ 6 5 $\square - 1 = \square$

④ 2 1 $\square - 1 = \square$

⑤ 7 8 $\square - 1 = \square$

⑥ 5 4 $\square - 1 = \square$

⑦ 3 2 $\square - 1 = \square$

⑧ 7 6 $\square - 1 = \square$

⑨ 5 6 $\square - 1 = \square$

⑩ 8 9 $\square - 1 = \square$

⑪ 4 5 $\square - 1 = \square$

● 도형 안의 세 수 중 두 수를 □ 안에 넣어 뺄셈식을 완성하시오.

3
5 2

$3 - 1 = 2$

❶
7
4 5

$\square - 1 = \square$

❷
4
3 6

$\square - 1 = \square$

❸
6
2 1

$\square - 1 = \square$

❹
9
6 8

$\square - 1 = \square$

❺
5
3 6

$\square - 1 = \square$

❻
6
2 3

$\square - 1 = \square$

❼
7
6 9

$\square - 1 = \square$

❽
3
4 8

$\square - 1 = \square$

❾
8
5 7

$\square - 1 = \square$

잘 공부했는지 알아봅시다

1 그림을 보고 뺄셈식을 완성하시오.

❶

$$7 - \boxed{} = \boxed{}$$

❷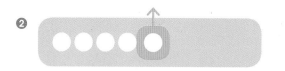

$$\boxed{} - 1 = \boxed{}$$

2 뺄셈을 하여 빈칸에 알맞은 수를 써넣으시오.

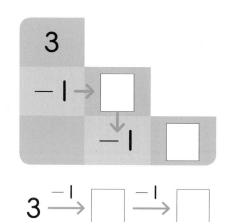

$$3 \xrightarrow{-1} \boxed{} \xrightarrow{-1} \boxed{}$$

3 ◢ 안의 세 수 중 두 수를 사용하여 뺄셈식을 완성하시오.

❶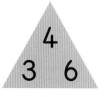

$$\boxed{} - 1 = \boxed{}$$

❷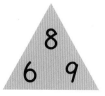

$$\boxed{} - 1 = \boxed{}$$

5

빼기 1과 2

● 그림을 보고 ☐ 안에 알맞은 수를 써넣으시오.

$7 - \boxed{2} = \boxed{5}$

❶ $8 - \square = \square$

❷ $9 - \square = \square$

❸ $5 - \square = \square$

❹ $6 - \square = \square$

❺ $4 - \square = \square$

❻ $3 - \square = \square$

❼ $10 - \square = \square$

❽ $5 - \square = \square$

❾ $7 - \square = \square$

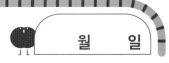
➕ 빼는 수만큼 /로 지우고, ☐ 안에 알맞은 수를 써넣으시오.

$$9 - 2 = 7$$

❶

$$\boxed{} - 2 = \boxed{}$$

❷

$$\boxed{} - 2 = \boxed{}$$

❸

$$\boxed{} - 2 = \boxed{}$$

❹

$$\boxed{} - 2 = \boxed{}$$

❺

$$\boxed{} - 2 = \boxed{}$$

❻

$$\boxed{} - 2 = \boxed{}$$

❼

$$\boxed{} - 2 = \boxed{}$$

❽

$$\boxed{} - 2 = \boxed{}$$

❾

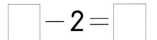

$$\boxed{} - 2 = \boxed{}$$

050 거꾸로 2칸

● 수직선에서 거꾸로 **2** 뛰어 센 수에 색칠하고 뺄셈을 하시오.

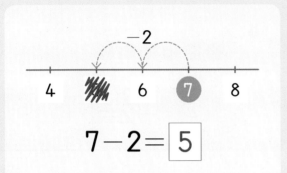

$7-2=\boxed{5}$

❶

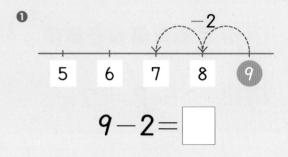

$9-2=\boxed{}$

❷

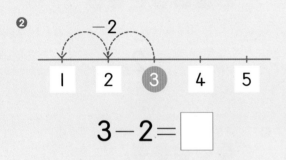

$3-2=\boxed{}$

❸

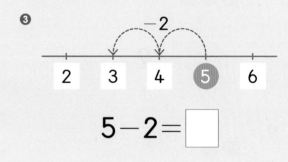

$5-2=\boxed{}$

❹

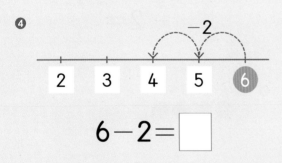

$6-2=\boxed{}$

❺

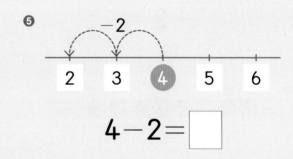

$4-2=\boxed{}$

❻

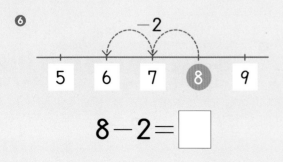

$8-2=\boxed{}$

❼

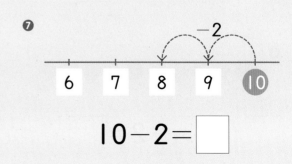

$10-2=\boxed{}$

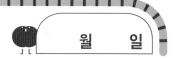

월 일

⊕ 수직선을 보고 빈칸에 알맞은 수를 써넣으시오.

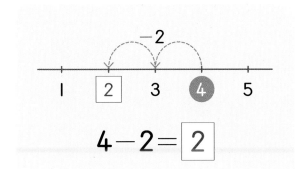

$$4-2=\boxed{2}$$

1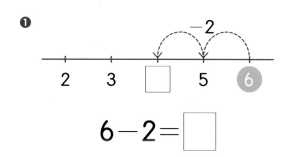

$$6-2=\boxed{}$$

2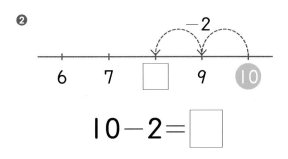

$$10-2=\boxed{}$$

3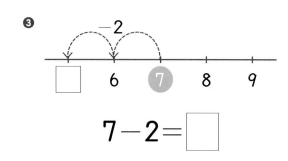

$$7-2=\boxed{}$$

4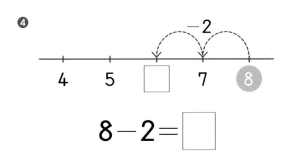

$$8-2=\boxed{}$$

5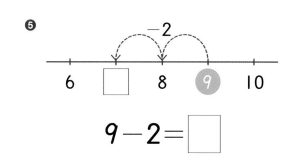

$$9-2=\boxed{}$$

6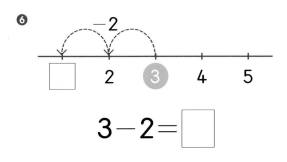

$$3-2=\boxed{}$$

7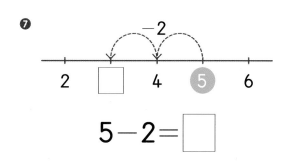

$$5-2=\boxed{}$$

기구

● 뺄셈을 하여 빈칸에 알맞은 수를 써넣으시오.

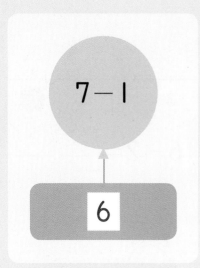

7 − 1 → 6

1 6 − 1

2 9 − 2

3 10 − 1

4 8 − 2

5 5 − 1

6 2 − 2

7 3 − 1

8 4 − 2

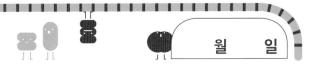

⊕ 계산 결과가 맞지 않는 것에 /표 하시오.

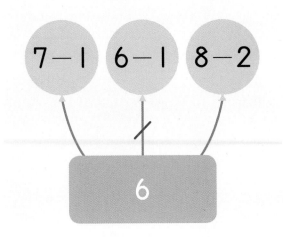

❶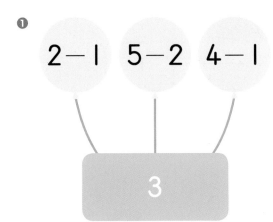

❷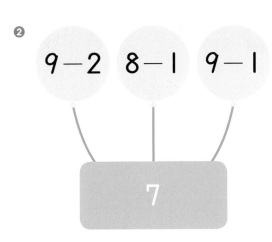

❸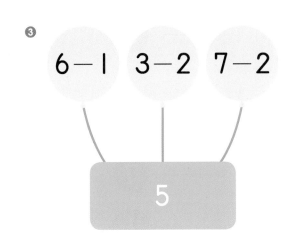

❹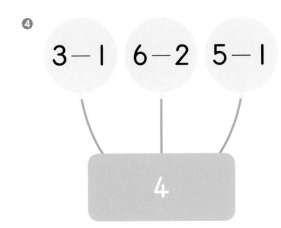

❺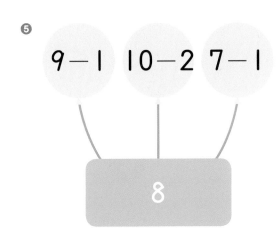

사고셈 ● 53

화살표 약속

● 화살표 약속에 맞게 빈칸에 알맞은 수를 써넣으시오.

약속

←——— −1
⇐——— −2

0 ← 2
8 ⇐ 9

❶ □ ← 4
□ ⇐ 7

❷ □ ⇐ 8
□ ← 6

❸ □ ← 5
□ ⇐ 3

❹ □ ⇐ 9
□ ← 10

❺ □ ⇐ 7
□ ← 1

❻ □ ← 8
□ ⇐ 4

❼ □ ⇐ 6
□ ← 3

❽ □ ⇐ 2
□ ← 4

❾ □ ← 6
□ ⇐ 10

❿ □ ⇐ 5
□ ← 7

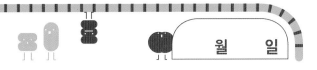

✛ 화살표 약속에 맞게 < 또는 ≪를 그리시오.

1 ≪ 3

6 ← 7

❶ 5 ── 6

2 ── 4

❷ 7 ── 9

6 ── 8

❸ 4 ── 5

6 ── 8

❹ 5 ── 7

8 ── 10

❺ 2 ── 4

2 ── 3

❻ 4 ── 6

8 ── 9

❼ 0 ── 1

3 ── 5

❽ 5 ── 7

6 ── 7

❾ 3 ── 4

2 ── 3

❿ 0 ── 2

1 ── 2

⓫ 8 ── 10

4 ── 5

1 빼는 수만큼 /로 지우고 □ 안에 알맞은 수를 써넣으시오.

❶

$$\boxed{} - 2 = \boxed{}$$

❷

$$\boxed{} - 2 = \boxed{}$$

2 수직선을 보고 뺄셈을 하시오.

❶

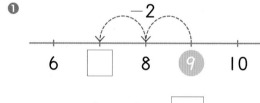

$$9 - 2 = \boxed{}$$

❷

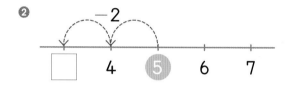

$$\boxed{} - 2 = \boxed{}$$

3 계산 결과가 맞지 않는 것에 /표 하시오.

$9-1$ $8-1$ $9-2$

7

6

□가 있는 빼기

네모셈

● □ 안에 들어갈 수만큼 /로 지우고, 알맞은 수를 써넣으시오.

$7-\boxed{2}=5$

❶ $8-\boxed{}=7$

❷ $2-\boxed{}=0$

❸ $3-\boxed{}=2$

❹ $4-\boxed{}=2$

❺ $9-\boxed{}=8$

❻ $5-\boxed{}=3$

❼ $6-\boxed{}=5$

❽ $7-\boxed{}=6$

❾ $8-\boxed{}=6$

❿ $9-\boxed{}=7$

⓫ $3-\boxed{}=1$

⊕ □ 안에 들어갈 수에 ○표 하고, 알맞은 수를 써넣으시오.

$6 - \boxed{1} = 5$

$\enclose{circle}{1} \quad 2$

❶ $7 - \boxed{} = 5$

1   2

❷ $4 - \boxed{} = 3$

1   2

❸ $9 - \boxed{} = 7$

1   2

❹ $2 - \boxed{} = 1$

1   2

❺ $6 - \boxed{} = 4$

1   2

$\begin{array}{r} 5 \\ - \boxed{1} \\ \hline 4 \end{array}$ $\enclose{circle}{1} \atop 2$

❻ $\begin{array}{r} 8 \\ - \boxed{} \\ \hline 6 \end{array}$ $\begin{array}{c} 1 \\ 2 \end{array}$

❼ $\begin{array}{r} 3 \\ - \boxed{} \\ \hline 2 \end{array}$ $\begin{array}{c} 1 \\ 2 \end{array}$

❽ $\begin{array}{r} 4 \\ - \boxed{} \\ \hline 2 \end{array}$ $\begin{array}{c} 1 \\ 2 \end{array}$

❾ $\begin{array}{r} 9 \\ - \boxed{} \\ \hline 8 \end{array}$ $\begin{array}{c} 1 \\ 2 \end{array}$

❿ $\begin{array}{r} 5 \\ - \boxed{} \\ \hline 3 \end{array}$ $\begin{array}{c} 1 \\ 2 \end{array}$

비행접시

◑ 계산에 맞게 선을 그으시오.

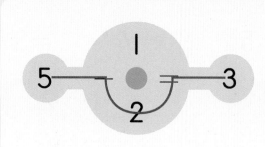

❶ $7 - 2 = 6$

❷ $2 - 2 = 1$

❸ $4 - 2 = 2$

❹ $8 - 2 = 7$

❺ $6 - 2 = 4$

❻ $3 - 2 = 1$

❼ $9 - 2 = 8$

❽ $5 - 2 = 4$

❾ $10 - 2 = 8$

● ○ 안에 알맞은 수를 써넣으시오.

$$3 - 1 = 2$$

①
$$8 - \bigcirc = 6$$

②
$$7 - \bigcirc = 5$$

③
$$5 - \bigcirc = 4$$

④
$$4 - \bigcirc = 2$$

⑤
$$2 - \bigcirc = 1$$

⑥
$$9 - \bigcirc = 7$$

⑦
$$6 - \bigcirc = 5$$

⑧
$$10 - \bigcirc = 9$$

⑨
$$3 - \bigcirc = 1$$

일이뺄셈표

● 빈칸에 알맞은 수를 써넣으시오.

−	2	1
7	5	6
2	0	1
4	2	3

①

−	1	2
4		
6		
9		

②

−	2	1
3		
8		
5		

③

−	2	1
9		
3		

④

−	1	2
2		
5		

⑤

−	2	1
8		
7		

⑥

−	2	1
8		
6		
5		

⑦

−	1	2
7		
9		
3		

⑧

−	2	1
4		
2		
10		

⊕ 빈칸에 알맞은 수를 써넣으시오.

−	1	2
5	4	3
7	6	5
3	2	1

①

−	2	1
		8
8		
2		

②

−	1	2
6		
	2	
4		

③

−	1	2
	5	
5		

④

−	2	1
3		
	0	

⑤

−	1	2
10		
	4	

⑥

−	2	1
	2	
3		
6		

⑦

−	2	1
5		
10		
		6

⑧

−	1	2
		4
8		
2		

두줄표

● 빈칸에 알맞은 수를 써넣으시오.

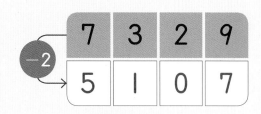

①

②

③

④
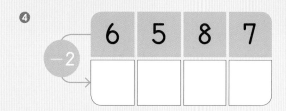

⑤
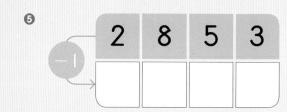

⑥

⑦
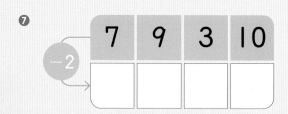

⑧
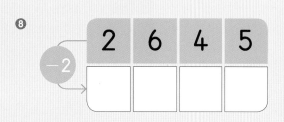

⑨
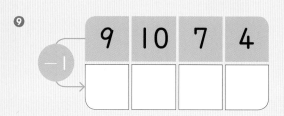

● 빈칸에 알맞은 수를 써넣으시오.

	2	5	7	8
−①→	1	4	6	7

❶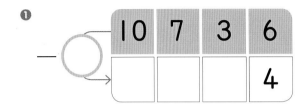

	10	7	3	6
−				4

❷

	9	2	4	6
−			2	

❸

	8	1	5	2
−	7			

❹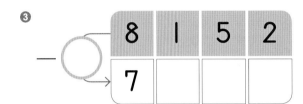

	10	7	3	4
−				3

❺

	5	9	7	8
−		7		

❻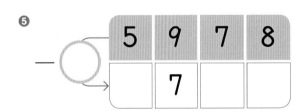

	8	4	5	9
−			3	

❼

	6	3	8	2
−				1

❽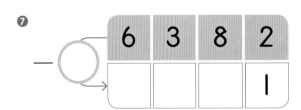

	2	10	9	7
−			8	

❾

	3	6	7	10
−	1			

1 뺄셈을 하여 빈칸에 알맞은 수를 써넣으시오.

❶
```
  8
□ 7
```

❷
```
  6
□ 4
```

❸
```
  5
□ 3
```

2 □ 안에 들어갈 수에 ○표 하고 알맞은 수를 써넣으시오.

❶
```
  4
− □
―――
  3
```
1 2

❷
```
  9
− □
―――
  7
```
1 2

3 뺄셈표의 빈칸에 알맞은 수를 써넣으시오.

❶

−	1	2
8		
6		
9		

❷

−	1	2
	4	
7		
3		

7

더하기 1 빼기 1

1 큰 수 1 작은 수

● 1 큰 수와 1 작은 수를 구하시오.

①

②

③

④

⑤

⑥

⑦

⑧

⑨

● 계산을 하시오.

$$5+1=\boxed{6}$$
$$5-1=\boxed{4}$$

❶
$$8+1=\boxed{}$$
$$8-1=\boxed{}$$

❷
$$6+1=\boxed{}$$
$$6-1=\boxed{}$$

❸
$$7+1=\boxed{}$$
$$7-1=\boxed{}$$

❹
$$4+1=\boxed{}$$
$$4-1=\boxed{}$$

❺
$$3+1=\boxed{}$$
$$3-1=\boxed{}$$

❻
$$2-1=\boxed{}$$
$$2+1=\boxed{}$$

❼
$$9-1=\boxed{}$$
$$9+1=\boxed{}$$

❽
$$5-1=\boxed{}$$
$$5+1=\boxed{}$$

❾
$$3-1=\boxed{}$$
$$3+1=\boxed{}$$

❿
$$6-1=\boxed{}$$
$$6+1=\boxed{}$$

⓫
$$7-1=\boxed{}$$
$$7+1=\boxed{}$$

연산자 넣기

● 계산에 맞게 선을 그으시오.

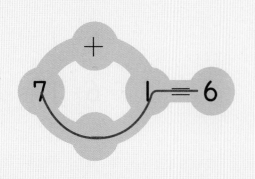

$7 \quad | = 6$

❶ $4 \quad | = 5$

❷ $2 \quad | = 3$

❸ $9 \quad | = 8$

❹ $6 \quad | = 5$

❺ $8 \quad | = 7$

❻ $1 \quad | = 2$

❼ $5 \quad | = 6$

❿ ○ 안에 + 또는 ─를 써넣으시오.

$$3 \bigoplus 1 = 4$$
$$3 \bigominus 1 = 2$$

① $4 \bigcirc 1 = 3$
$4 \bigcirc 1 = 5$

② $7 \bigcirc 1 = 8$
$7 \bigcirc 1 = 6$

③ $6 \bigcirc 1 = 5$
$6 \bigcirc 1 = 7$

④ $2 \bigcirc 1 = 3$
$2 \bigcirc 1 = 1$

⑤ $5 \bigcirc 1 = 6$
$5 \bigcirc 1 = 4$

⑥ $9 \bigcirc 1 = 10$
$9 \bigcirc 1 = 8$

⑦ $8 \bigcirc 1 = 7$
$8 \bigcirc 1 = 9$

⑧ $3 \bigcirc 1 = 2$
$3 \bigcirc 1 = 4$

⑨ $4 \bigcirc 1 = 5$
$4 \bigcirc 1 = 3$

⑩ $5 \bigcirc 1 = 4$
$5 \bigcirc 1 = 6$

⑪ $6 \bigcirc 1 = 7$
$6 \bigcirc 1 = 5$

 **059**

성문 막기

● 관계있는 것끼리 선으로 이으시오.

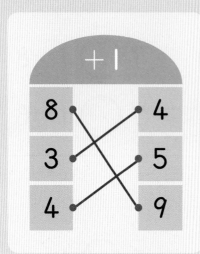

❶ -1

3 • • 2
6 • • 5
9 • • 8

❷ $+1$

2 • • 8
7 • • 3
5 • • 6

❸ -1

5 • • 1
8 • • 4
2 • • 7

❹ $+1$

1 • • 7
9 • • 10
6 • • 2

❺ -1

4 • • 9
10 • • 6
7 • • 3

❻ $+1$

3   6
5   4
4   5

❼ -1

2 • • 6
1 • • 0
7 • • 1

❽ $+1$

8 • • 8
2 • • 9
7 • • 3

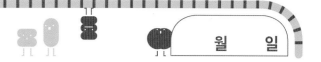
✚ ○ 안에 + 또는 ─를 쓰고, 나머지 선 두 개를 그리시오.

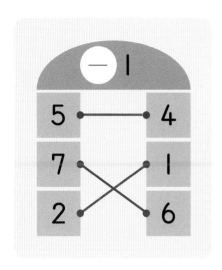

❶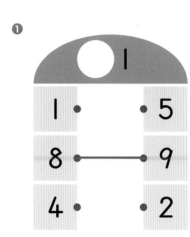

❷

❸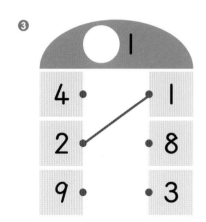

❹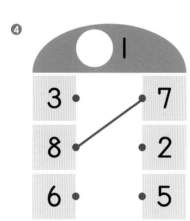

❺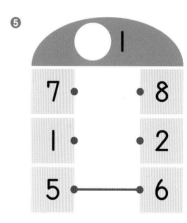

❻

❼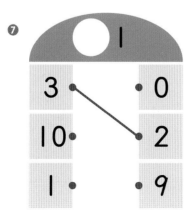

❽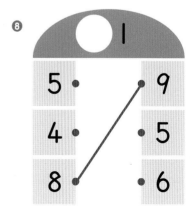

합 차 두 수

● 두 수의 합과 차를 빈칸에 써넣으시오.

합 → 7

6 1

차 → 5

❶
9 1
합 → ☐
차 → ☐

❷
5 1
합 → ☐
차 → ☐

❸
4 1
합 → ☐
차 → ☐

❹
7 1
합 → ☐
차 → ☐

❺
6 1
합 → ☐
차 → ☐

❻
3 1
합 → ☐
차 → ☐

❼
2 1
합 → ☐
차 → ☐

❽
8 1
합 → ☐
차 → ☐

❾
7 1
합 → ☐
차 → ☐

❿
1 1
합 → ☐
차 → ☐

⓫
4 1
합 → ☐
차 → ☐

⊕ 빈칸에 알맞은 수를 써넣으시오.

보기

3 | 합 → **4**
차 → 2

❶ | 합 → □
차 → **7**

❷ | 합 → **3**
차 → □

❸ | 합 → □
차 → **6**

❹ | 합 → **10**
차 → □

❺ | 합 → □
차 → **5**

❻ | 합 → **6**
차 → □

❼ | 합 → □
차 → **3**

❽ | 합 → □
차 → **0**

❾ | 합 → □
차 → **8**

❿ | 합 → **9**
차 → □

⓫ | 합 → □
차 → **2**

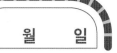
1 I 큰 수와 I 작은 수를 구하시오.

2 두 수의 합과 차를 빈칸에 써넣으시오.

3 관계있는 것끼리 선으로 이으시오.

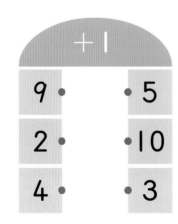

8

더하기 빼기 1과 2

자동차 길

● 계산 결과에 맞게 자동차 길을 그리시오.

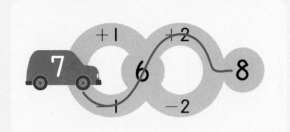

+1
6
−1
+2
8
−2
7

① +1 +2
4 3 1
−1 −2

② +1 +2
5 6 4
−1 −2

③ +1 +2
9 8 10
−1 −2

④ +1 +2
3 4 6
−1 −2

⑤ +1 +2
2 3 1
−1 −2

⑥ +1 +2
8 7 5
−1 −2

⑦ +1 +2
6 5 7
−1 −2

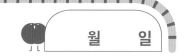

✛ ◯ 안에는 + 또는 −, ☐ 안에는 1 또는 2를 넣어 계산식을 완성하시오.

$7 ⊖ \boxed{2} = 5$

$4 ⊕ \boxed{1} = 5$

❶ $3 ◯ ☐ = 4$

  $9 ◯ ☐ = 8$

❷ $5 ◯ ☐ = 3$

  $6 ◯ ☐ = 5$

❸ $3 ◯ ☐ = 5$

  $6 ◯ ☐ = 4$

❹ $1 ◯ ☐ = 2$

  $8 ◯ ☐ = 7$

❺ $8 ◯ ☐ = 6$

  $2 ◯ ☐ = 3$

❻ $2 ◯ ☐ = 1$

  $8 ◯ ☐ = 10$

❼ $6 ◯ ☐ = 4$

  $4 ◯ ☐ = 5$

❽ $7 ◯ ☐ = 8$

  $5 ◯ ☐ = 7$

❾ $9 ◯ ☐ = 10$

  $5 ◯ ☐ = 6$

❿ $1 ◯ ☐ = 2$

  $3 ◯ ☐ = 1$

⓫ $4 ◯ ☐ = 2$

  $6 ◯ ☐ = 7$

● 계산을 한 다음 알맞게 선으로 이으시오.

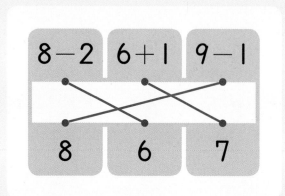

①

3+1	5-2	7+2
9	3	4

②

4-2	1+2	7-1
2	6	3

③

9+1	9-2	3+2
7	5	10

④

5+2	3-1	4+2
6	2	7

⑤

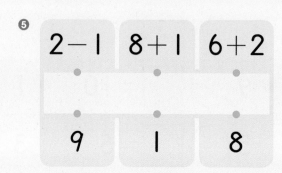

2-1	8+1	6+2
9	1	8

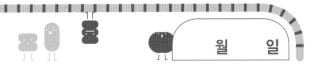
❖ 계산 결과가 같은 것끼리 선으로 이으시오.

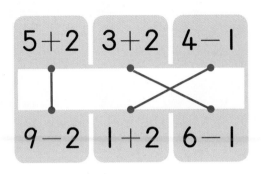

❶

1+1	8−2	1+2
7−1	5−2	4−2

❷

6−2	7+2	9−1
6+2	8+1	3+1

❸

6+1	2−1	4+1
9−2	3−2	3+2

❹

4+2	6+2	3−1
1+1	8−2	7+1

❺

7+2	6−2	2+1
5−1	8+1	4−1

잎새 따기

● 계산 결과가 ● 안의 수와 다른 것을 찾아 /로 잎새를 따시오.

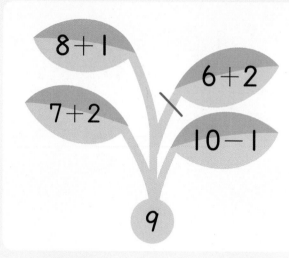

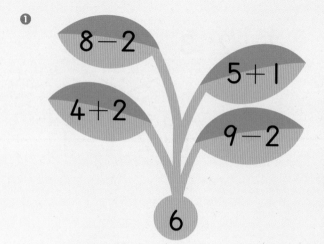

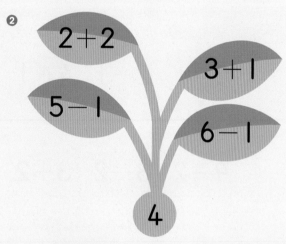

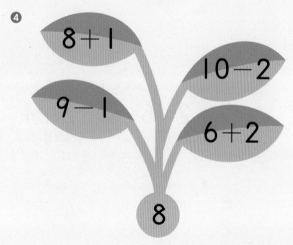

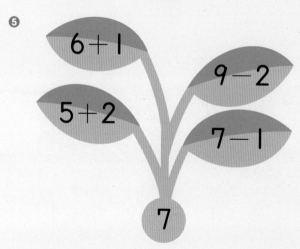

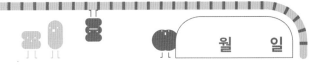

● 계산 결과가 다른 하나를 찾아 /로 잎새를 따시오.

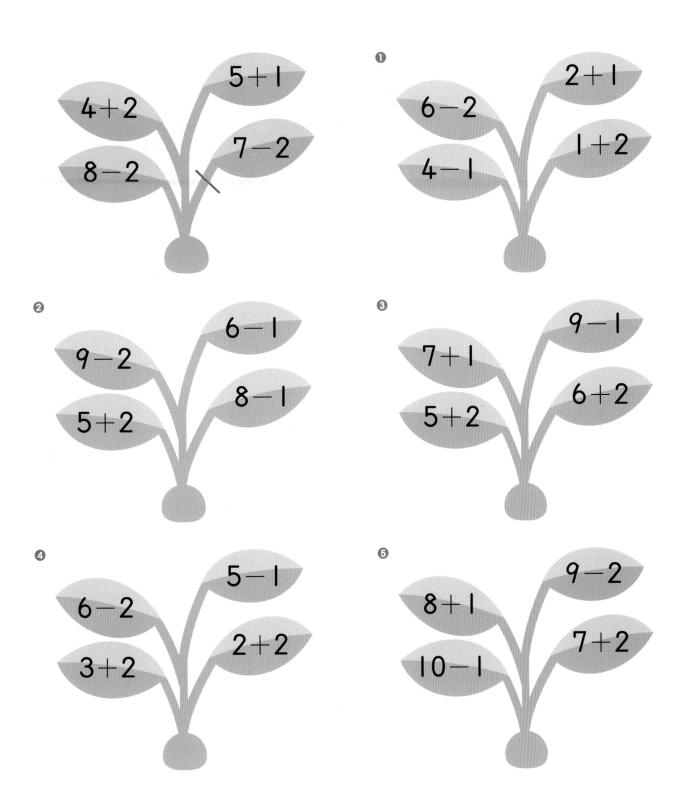

[예시]
- 5+1
- 4+2
- 7-2
- 8-2

❶
- 2+1
- 6-2
- 1+2
- 4-1

❷
- 6-1
- 9-2
- 8-1
- 5+2

❸
- 9-1
- 7+1
- 6+2
- 5+2

❹
- 5-1
- 6-2
- 2+2
- 3+2

❺
- 9-2
- 8+1
- 7+2
- 10-1

● 그림을 보고 □ 안에 알맞은 수를 써넣으시오.

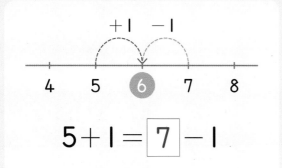

$$5+1=\boxed{7}-1$$

①
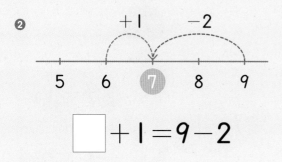

$$\boxed{}+2=5-1$$

②
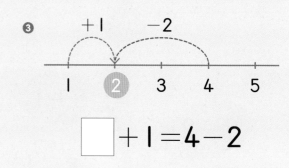

$$\boxed{}+1=9-2$$

③
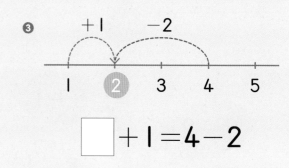

$$\boxed{}+1=4-2$$

④
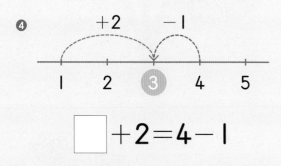

$$\boxed{}+2=4-1$$

⑤
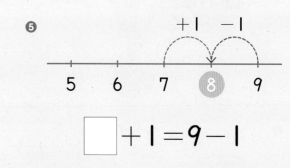

$$\boxed{}+1=9-1$$

⑥
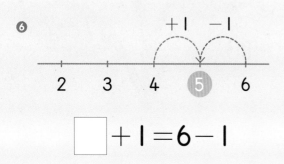

$$\boxed{}+1=6-1$$

⑦
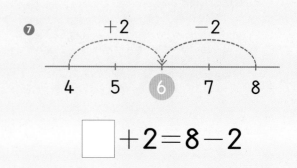

$$\boxed{}+2=8-2$$

◈ □ 안에 알맞은 수를 써넣으시오.

$4+1=\boxed{6}-1$

❶ $\boxed{}+1=9-2$

❷ $\boxed{}+2=3+1$

❸ $\boxed{}+1=5-2$

❹ $8+1=\boxed{}+2$

❺ $3+3=\boxed{}-1$

❻ $\boxed{}+1=4-2$

❼ $\boxed{}+1=10-2$

❽ $5+2=\boxed{}-1$

❾ $3+2=\boxed{}-2$

❿ $\boxed{}+1=8-2$

⓫ $\boxed{}+1=6-2$

⓬ $1+2=\boxed{}-1$

⓭ $6+2=\boxed{}-1$

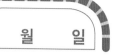
1 ○ 안에는 **+** 또는 **−**, □ 안에는 **1** 또는 **2**를 넣어 계산식을 완성하시오.

❶ 2 ○ □ = 4

5 ○ □ = 4

❷ 7 ○ □ = 6

8 ○ □ = 6

2 계산 결과가 다른 하나를 찾아 /로 잎새를 따시오.

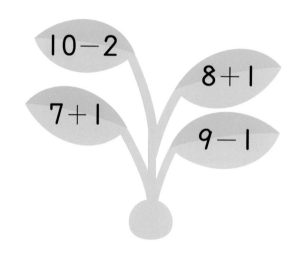

3 그림을 보고 빈칸에 알맞은 수를 써넣으시오.

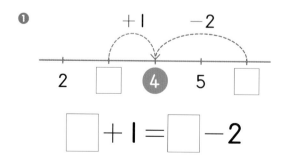

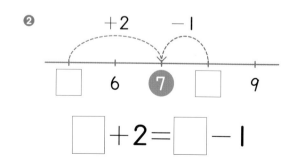

MEMO

사고력수학

정답 및 해설
Guide Book

6세 | 2호
더하기 빼기 1과 2

NE능률

033 더하기1

그림을 보고 덧셈식을 완성하시오.

$4 + \boxed{1} = \boxed{5}$

4개의 구슬에 1개를 더하면 5개가 됩니다.

$2 + \boxed{1} = \boxed{3}$

$6 + \boxed{1} = \boxed{7}$

$7 + \boxed{1} = \boxed{8}$

7개의 구슬에 1개를 더하면 8개가 됩니다.

$3 + \boxed{1} = \boxed{4}$

$5 + \boxed{1} = \boxed{6}$

빈칸에 ○을 그리고, 덧셈식을 완성하시오.

$6 + \boxed{1} = \boxed{7}$

6개의 구슬에 1개를 더하면 7개가 됩니다.

$4 + \boxed{1} = \boxed{5}$

$8 + \boxed{1} = \boxed{9}$

$3 + \boxed{1} = \boxed{4}$

3개의 구슬에 1개를 더하면 4개가 됩니다.

$1 + \boxed{1} = \boxed{2}$

$7 + \boxed{1} = \boxed{8}$

① 주차

034 앞으로 1칸

● 수직선에서 앞으로 1칸 뛰어 센 수에 색칠하고 덧셈을 하시오.

① $1+1=2$

② $3+1=4$

③ $7+1=8$

④ $5+1=6$

⑤ $9+1=10$

⑥ $4+1=5$

⑦ $2+1=3$

⑧ $6+1=7$

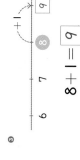
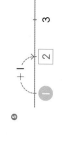
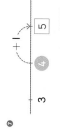

'+1'한 수는 수직선에 ● 수직선을 보고 빈칸에 알맞은 수를 써넣으시오.
서 앞으로 1칸 뛰어 센
수입니다.

① $3+1=4$

③ $8+1=9$

⑤ $1+1=2$

⑦ $4+1=5$

② $5+1=6$

④ $6+1=7$

⑥ $2+1=3$

⑧ $7+1=8$

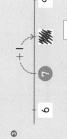

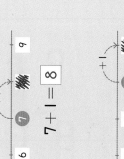

035 바꾸어 더하기

● 덧셈식의 두 수를 바꾸어 더하세요.

$$6+1=7$$
$$1+6=7$$

$$4+1=5$$
$$1+4=5$$

①

② $7+1=8$
$1+7=8$

③ $5+1=6$
$1+5=6$

④ $3+1=4$
$1+3=4$

⑤ $2+1=3$
$1+2=3$

⑥ $9+1=10$
$1+9=10$

⑦ $8+1=9$
$1+8=9$

12

P.12 ● P.13

● □ 안에 알맞은 수를 써넣으시오.

더하는 두 수를 바꾸어 더하여도 계산한 결과는 같습니다.

① $6+1=7$
$1+6=7$

② $5+1=6$
$1+5=6$

④ $4+1=5$
$1+4=5$

③ $2+1=3$
$1+2=3$

⑤ $8+1=9$
$1+8=9$

④ $7+1=8$
$1+7=8$

⑥ 3
$+1$
4

1
$+3$
4

⑦ 8
$+1$
9

1
$+8$
9

⑥ 7
$+1$
8

1
$+7$
8

⑧ 5
$+1$
6

1
$+5$
6

⑨ 4
$+1$
5

1
$+4$
5

⑩ 9
$+1$
10

1
$+9$
10

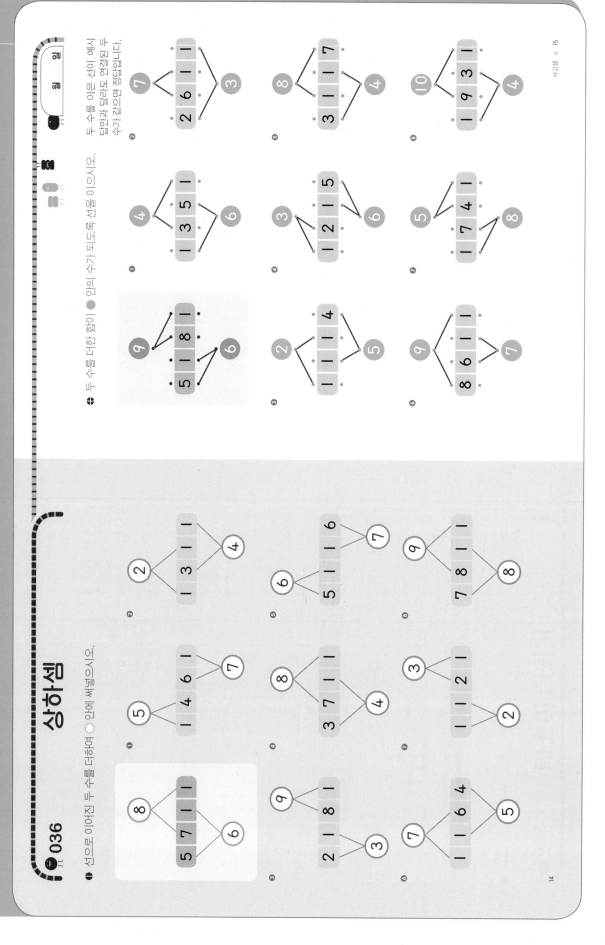

잘 공부했는지 알아봅시다

월 일

1 그림을 보고 덧셈을 하세요.

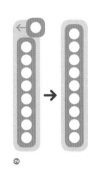

$4 + 1 = 5$

$8 + 1 = 9$

2 수직선을 보고 □ 안에 알맞은 수를 써넣으시오.

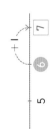

$6 + 1 = 7$

수직선에서 오른쪽으로 하나 옆이 수는 '+1'한 수입니다.

3 그림을 보고 □ 안에 알맞은 수를 써넣으시오.

두 수를 바꾸어 더하여도 계산 결과는 같습니다.

$3 + 5 = 8$
$5 + 3 = 8$

4 합이 ● 안의 수가 되는 두 수에 ○표 하시오.

2주차

더하기 2

037

● 그림을 보고 덧셈식을 완성하시오.

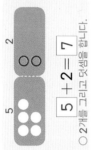

6 + 2 = 8

❶ 4 + 2 = 6

❸ 5 + 2 = 7

❺ 7 + 2 = 9

❼ 8 + 2 = 10

❷ 3 + 2 = 5

❹ 1 + 2 = 3

❻ 2 + 2 = 4

● 더하는 수만큼 오른쪽 칸에 ○를 그리고, 덧셈을 하시오.

5 + 2 = 7
○2개를 그리고 덧셈을 합니다.

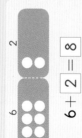 

❶ 1 + 2 = 3

❸ 8 + 2 = 10

❺ 4 + 2 = 6

❼ 2 + 2 = 4

❷ 6 + 2 = 8

❹ 3 + 2 = 5

❻ 7 + 2 = 9

038 앞으로 2칸

● 수직선에서 2 뛰어 센 수에 색칠하고 덧셈을 하시오.

$4+2=6$

4+2는 4에서 2 뛰어 센 수 6입니다.

①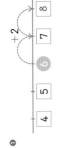

$1+2=3$

1+2는 1에서 2 뛰어 센 수 3입니다.

②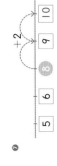

$7+2=9$

③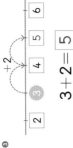

$6+2=8$

④

$5+2=7$

⑤

$8+2=10$

⑥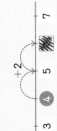

$2+2=4$

⑦

$3+2=5$

● 수직선을 보고 빈칸에 알맞은 수를 써넣으시오.

● 에 2를 더한 수는 수직선에서 오른쪽으로 2 뛰어 센 수 입니다.

① 4 5 6 7 8

$6+2=8$

6에 2를 더한 수는 6에서 2 뛰어 센 수 8입니다.

② 1 2 3 4 5

$2+2=4$

2에 2를 더한 수는 2에서 2 뛰어 센 수 4입니다.

③ 2 3 4 5 6

$3+2=5$

④ 5 6 7 8 9

$5+2=7$

⑤ 1 2 3 4 5

$1+2=3$

⑥ 2 3 4 5 6

$4+2=6$

⑦ 5 6 7 8 9

$7+2=9$

⑧ 6 7 8 9 10

$8+2=10$

P. 22 · P. 23

❷ 2주차

039 모빌셈

● 모빌이 평형을 이룹니다. 빈칸에 알맞은 수를 써넣으시오.

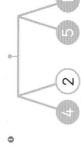
5+1=⑥

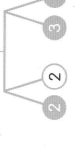

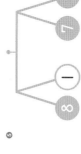

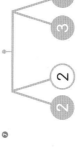

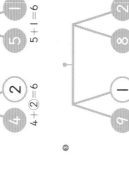
7+2=⑨

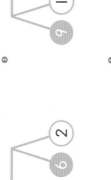

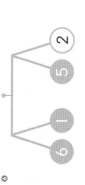

● 모빌이 평형을 이룹니다. 빈칸에 1 또는 2를 써넣으시오.

4+2=6 5+1=6

3+2=5 4+1=5

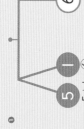

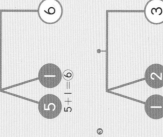

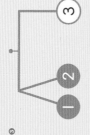

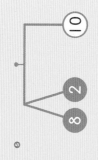

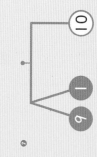

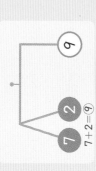

040 화살표 약속

● 화살표 약속에 맞게 빈칸에 알맞은 수를 써넣으시오.

약속
→ +1
↠ +2

● 화살표 약속에 맞게 >또는 ↠를 그리시오.

② 주차

잘 공부했는지 알아봅시다

월   일

1 도미노를 보고 덧셈을 하시오.

①

3+2=5

②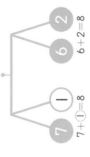

2+5=7

2 모빌이 평행을 이룹니다. 빈칸에 1 또는 2를 써넣으시오.

7+①=8   6+2=8

3 약속에 맞게 빈칸에 알맞은 수를 써넣으시오.

약속
→ +1
⇢ +2

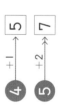

4 →(+1)→ 5

5 ⇢(+2)⇢ 7

26

네모셈

041

● □ 안에 들어갈 수만큼 ○표 하고, 알맞은 수를 써넣으시오.

6+2=8

4+1=5

3+1=4

8+2=10

1+2=3

9+1=10

2+2=4

5+1=6

7+2=9

8+1=9

6+1=7

3+2=5

28

● □ 안에 들어가는 수에 ○표 하고, 알맞은 수를 써넣으시오.

□ 안에 1 또는 2를 넣어 계산해 봅니다.

5+□=6 ① 2
5+①=6
5+2=7

① 1+2=3 1 ②
1+1=2
1+②=3

② 7+□=8 ① 2
7+①=8
7+2=9

③ 2+2=4 1 ②

④ 9+□=10 ① 2

⑤ 6+2=8 1 ②

3+□=5 1 ②

8+□=10 1 ②

⑦ 4+□=5 ① 2

⑥ 6+□=7 ① 2

⑧ 7+□=9 1 ②

⑩ 5+□=7 1 ②

3 주차

042 비행접시

계산을 맞게 선을 그으시오.

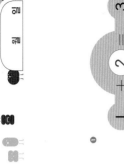
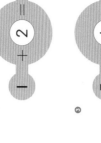
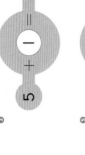

○ 안에 알맞은 수를 써넣으시오.

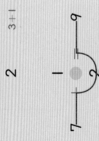
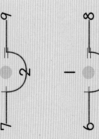

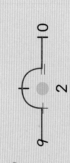
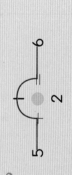

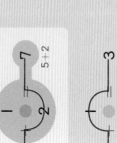
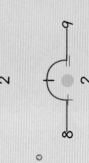

043 일이덧셈표

● 빈칸에 알맞은 수를 써넣으시오. 가로와 세로가 만나는 곳에 두 수의 합을 씁니다.

+	1	2
3	4	5
5	6	7
6	7	8

+	2	1
1	3	2
4	6	5
8	10	9

+	2	1
2	4	3
5	7	6
1	3	2

+	2	1
2	4	3
4	6	5
7	9	8

+	8	2
1	9	3
3	10	4
6	5	

+	2	4
3	5	6
7	9	8

+	7	2
2	9	4
5	7	
1	3	2

+	8	2
9	8	9
7	5	6
4	5	6

❋ 빈칸에 알맞은 수를 써넣으시오. 먼저 칠해진 가로줄의 빈칸에 들어갈 수를 구합니다.

+	2	1
4	6	5
6	8	7
5	7	6

+	8	1
9	10	9
4	5	6
1	2	3

+	7	2
9	9	10
3	8	
2		

+	8	2
10	9	
6	7	5
4	6	

+	3	2
4	5	
7	6	
3	6	

+	5	2
3	7	6
2	4	3

+	7	1
8	9	8
3	3	2
5		

+	4	2
7	8	9
3	3	2
5		

③ 주차

하우스

044

● 빈칸에 알맞은 수를 써넣으시오.

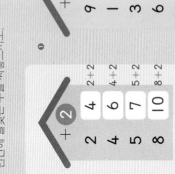

② +2
7	9	7+2
5	7	5+2
6	8	6+2
3	5	3+2

⑤ +1
8	9	
6	7	
9	10	
5	6	

① +1
9	10	9+1
1	2	1+1
3	4	3+1
6	7	6+1

④ +2
6	8	
3	5	
8	10	
4	6	

+2
2	4	2+2
4	6	4+2
5	7	5+2
8	10	8+2

③ +1
1	2	
4	5	
7	8	
2	3	

34

● 빈칸에 알맞은 수를 써넣으시오.

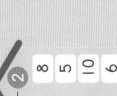

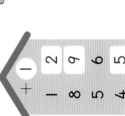

② +1
6	7	6+1
3	4	3+1
7	8	
2	3	2+1

7+◯=8이므로
◯ 안의 수는 1입니다.

⑤ +2
8	10	
2	4	
3	5	
7	9	

① +2
7	9	7+2
2	4	2+2
1	3	1+2
4	6	

4+◯=6이므로
◯ 안의 수는 2입니다.

④ +1
1	2	
8	9	
5	6	
4	5	

+1
3	4	
5	6	5+1
8	9	8+1
9	10	9+1

3+◯=4이므로
◯ 안의 수는 1입니다.

③ +2
5	7	
6	8	
7	9	
3	5	

③ 주차

잘 공부했는지 알아봅시다

월 일

1 □ 안에 들어가는 수만큼 ○표 하고 알맞은 수를 써넣으시오.

❶

$6 + \boxed{1} = 7$

6과 7의 차이 만큼 ○표
하고 수를 씁니다.

❷

○
● ● ● ●
● ● ● ○

$8 + \boxed{2} = 10$

8과 10의 차이 만큼 ○표
하고 수를 씁니다.

2 계산에 맞게 선을 그으시오.

❶

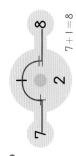

$4 + 2 = 6$

❷

$7 + 1 = 8$

3 빈칸에 알맞은 수를 써넣으시오.

❶

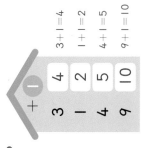

+1	
3	4
1	2
4	5
9	10

$3 + 1 = 4$
$1 + 1 = 2$
$4 + 1 = 5$
$9 + 1 = 10$

❷

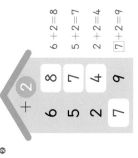

+2	
6	8
5	7
2	4
7	9

$6 + 2 = 8$
$5 + 2 = 7$
$2 + 2 = 4$
$\boxed{7} + 2 = 9$

36

④ 4주차

빼기 1

045

● 그림을 보고 뺄셈식을 완성하세요.

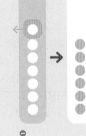

$7 - 1 = 6$

7개에서 1개를 빼면 6개가 남습니다.

$3 - 1 = 2$

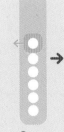

$6 - 1 = 5$

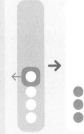

$4 - 1 = 3$

4개에서 1개를 빼면 3개가 남습니다.

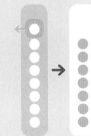

$8 - 1 = 7$

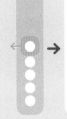

$5 - 1 = 4$

 월 일

● 빈칸에 ○를 그리고, 뺄셈식을 완성하세요.

$9 - 1 = 8$

9에서 1개를 빼면 8개가 남습니다.

$7 - 1 = 6$

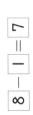

$4 - 1 = 3$

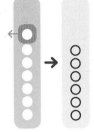

$5 - 1 = 4$

5개에서 1개를 빼면 4개가 남습니다.

$2 - 1 = 1$

$8 - 1 = 7$

046 거꾸로 1칸

● 수직선에서 거꾸로 1칸 뛰어 센 수에 색칠하고 뺄셈을 하시오.

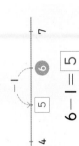

①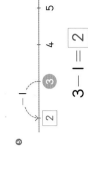

$8-1=7$

② 3   5   6

$5-1=4$

③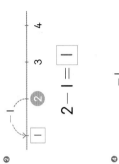

$2-1=1$

④ 1   3   4

$3-1=2$

⑤

$4-1=3$

⑥ 4   5   7

$7-1=6$

⑦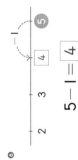

$10-1=9$

⑧ 6   7   8

$6-1=5$

40

'−1'한 수는 수직선에 ● 수직선을 보고 빈칸에 알맞은 수를 써넣으시오.
서 거꾸로 1칸 뛰어 센
수입니다.

① 7   8   9   10

$10-1=9$

② 4   5   6   7

$6-1=5$

③ 4   5   6   7

$7-1=6$

④ 1   2   3   4

$2-1=1$

⑤ 2   3   4   5

$3-1=2$

⑥ 6   7   8   9

$8-1=7$

⑦ 7   8   9   10

$9-1=8$

⑧ 2   3   4   5

$5-1=4$

④ 주차

계단셈

047

● 뺄셈을 하여 빈칸에 알맞은 수를 써넣으시오.

❶
6 $\xrightarrow{-1}$ 5 $\xrightarrow{-1}$ 4

6 $\xrightarrow{-1}$ 5 $\xrightarrow{-1}$ 4

❸
5 $\xrightarrow{-1}$ 4 $\xrightarrow{-1}$ 3

5 $\xrightarrow{-1}$ 4 $\xrightarrow{-1}$ 3

❺
9 $\xrightarrow{-1}$ 8 $\xrightarrow{-1}$ 7

9 $\xrightarrow{-1}$ 8 $\xrightarrow{-1}$ 7

8 $\xrightarrow{-1}$ 7 $\xrightarrow{-1}$ 6

8 $\xrightarrow{-1}$ 7 $\xrightarrow{-1}$ 6

❷
4 $\xrightarrow{-1}$ 3 $\xrightarrow{-1}$ 2

4 $\xrightarrow{-1}$ 3 $\xrightarrow{-1}$ 2

❹
7 $\xrightarrow{-1}$ 6 $\xrightarrow{-1}$ 5

7 $\xrightarrow{-1}$ 6 $\xrightarrow{-1}$ 5

42

● 빈칸에 알맞은 수를 써넣으시오.

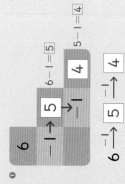

❶
3 $\xrightarrow{-1}$ 2 $\xrightarrow{-1}$ 1

3 $\xrightarrow{-1}$ 2 $\xrightarrow{-1}$ 1

❸
8 $\xrightarrow{-1}$ 7 $\xrightarrow{-1}$ 6

8 $\xrightarrow{-1}$ 7 $\xrightarrow{-1}$ 6

❺
5 $\xrightarrow{-1}$ 4 $\xrightarrow{-1}$ 3

5 $\xrightarrow{-1}$ 4 $\xrightarrow{-1}$ 3

4 $\xrightarrow{-1}$ 3 $\xrightarrow{-1}$ 2

4 $\xrightarrow{-1}$ 3 $\xrightarrow{-1}$ 2

❷
7 $\xrightarrow{-1}$ 6 $\xrightarrow{-1}$ 5

7 $\xrightarrow{-1}$ 6 $\xrightarrow{-1}$ 5

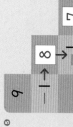

❹
9 $\xrightarrow{-1}$ 8 $\xrightarrow{-1}$ 7

9 $\xrightarrow{-1}$ 8 $\xrightarrow{-1}$ 7

도형안수

048

● 도형 안의 두 수를 □ 안에 넣어 뺄셈식을 완성하시오.

6 7 | 7 − 1 = 6

② 3 4 | 4 − 1 = 3

④ 2 1 | 2 − 1 = 1

⑥ 5 4 | 5 − 1 = 4

⑧ 7 6 | 7 − 1 = 6

⑩ 8 9 | 9 − 1 = 8

① 9 8 | 9 − 1 = 8

③ 6 5 | 6 − 1 = 5

⑤ 7 8 | 8 − 1 = 7

⑦ 3 2 | 3 − 1 = 2

⑨ 5 6 | 6 − 1 = 5

⑪ 4 5 | 5 − 1 = 4

뺄셈식의 계산 결과는 처음 수 보다 작아지므로 주어진 두 수 중 큰 수를 앞의 □에 넣습니다.

44

● 도형 안의 세 수 중 두 수를 □ 안에 넣어 뺄셈식을 완성하시오.

3 / 5 2 | 3 − 1 = 2

② 4 / 3 6 | 4 − 1 = 3

④ 9 / 6 8 | 9 − 1 = 8

⑥ 6 / 2 3 | 3 − 1 = 2

⑧ 3 / 4 8 | 4 − 1 = 3

① 7 / 4 5 | 5 − 1 = 4

③ 6 / 2 1 | 2 − 1 = 1

⑤ 5 / 3 6 | 6 − 1 = 5

⑦ 7 / 6 9 | 7 − 1 = 6

⑨ 8 / 5 7 | 8 − 1 = 7

사고셈 ● 45

④ 4주차

잘 공부했는지 알아봅시다

월　일

1 그림을 보고 뺄셈식을 완성하시오.

①

$7 - 1 = 6$

②

$5 - 1 = 4$

2 뺄셈을 하여 빈칸에 알맞은 수를 써넣으시오.

$3 - 1 = \boxed{2}$

$2 - 1 = \boxed{1}$

$3 \xrightarrow{-1} \boxed{2} \xrightarrow{-1} \boxed{1}$

3 △ 안의 세 수 중 두 수를 사용하여 뺄셈식을 완성하시오.

①

$4 - 1 = 3$

②

$9 - 1 = 8$

46

⑤ 주차

빼기 2

049

그림을 보고 □ 안에 알맞은 수를 써넣으시오.

① $7 - 2 = 5$
7개에서 2개를 지우면 5개가 남습니다.

② $9 - 2 = 7$

③ $8 - 2 = 6$
8개에서 2개를 지우면 6개가 남습니다.

④ $6 - 2 = 4$

⑤ $5 - 2 = 3$

⑥ $3 - 2 = 1$

⑦ $4 - 2 = 2$

⑧ $10 - 2 = 8$

⑨ $5 - 2 = 3$

⑩ $7 - 2 = 5$

빼는 수만큼 /로 지우고, □ 안에 알맞은 수를 써넣으시오.

$9 - 2 = 7$

① $6 - 2 = 4$

② $9 - 2 = 7$

③ $7 - 2 = 5$

④ $3 - 2 = 1$

⑤ $5 - 2 = 3$

⑥ $2 - 2 = 0$

⑦ $4 - 2 = 2$

⑧ $8 - 2 = 6$

⑨ $9 - 2 = 7$

⑩ $10 - 2 = 8$

5 주차

거꾸로 2칸

050

● 수직선에서 거꾸로 2 뛰어 센 수에 색칠하고 뺄셈을 하시오.

$7-2=5$

$9-2=7$

$3-2=1$

$5-2=3$

$6-2=4$

$4-2=2$

$8-2=6$

$10-2=8$

'−2' 한 수는 수직선에 ● 수직선을 보고 빈칸에 알맞은 수를 써넣으시오.
서 거꾸로 2칸 뛰어 센
수입니다.

$4-2=2$

$10-2=8$

$8-2=6$

$3-2=1$

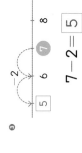 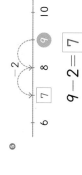 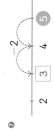 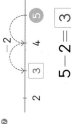

$6-2=4$

$7-2=5$

$9-2=7$

$5-2=3$

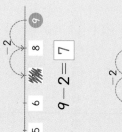 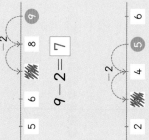 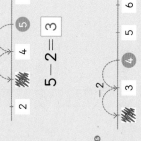  

051

● 뺄셈을 하여 빈칸에 알맞은 수를 써넣으시오.

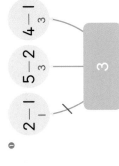

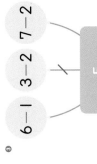

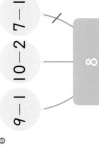

7−1 ← 6

6−1 ← 5

10−1 ← 9

2−2 ← 0

9−2 ← 7

8−2 ← 6

3−1 ← 2

5−1 ← 4

4−2 ← 2

● 계산 결과가 맞지 않는 것에 /표 하시오.

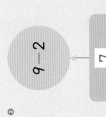
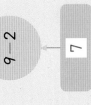
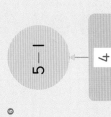

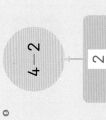

7−1 6−1 8−2 → 6

9−2 8−1 9−1 → 7

3−1 6−2 5−1 → 4

2−1 5−2 4−1 → 3

6−1 3−2 7−2 → 5

9−1 10−2 7−1 → 8

화살표 약속

052

● 화살표 약속에 맞게 빈칸에 알맞은 수를 써넣으시오.

● 화살표 약속에 맞게 또는 《를 그리시오.

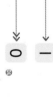
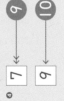
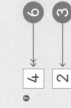
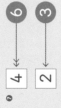
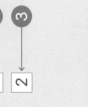
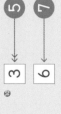

잘 공부했는지 알아봅시다

1 빼는 수만큼 /로 지우고 □ 안에 알맞은 수를 써넣으시오.

❶

$$10-2=8$$

❷

$$7-2=5$$

2 수직선을 보고 뺄셈을 하시오.

❶

$$9-2=7$$

❷

$$5-2=3$$

수직선에서 '-2' 한 수는 거꾸로 2칸 뒤에 센 수입니다.

3 계산 결과가 맞지 않는 것에 /표 하시오.

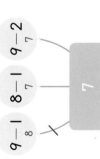

6 주차

053 네모셈

● □ 안에 들어갈 수만큼 /로 지우고, 알맞은 수를 써넣으시오.

7 - 2 = 5

7에서 /로 지우고 남은
● 의 개수가 5입니다.

① 8 - 1 = 7

8에서 /로 지우고 남은
● 의 개수가 7입니다.

② 2 - 2 = 0

③ 3 - 1 = 2

④ 4 - 2 = 2

⑤ 9 - 1 = 8

⑥ 5 - 2 = 3

⑦ 6 - 1 = 5

⑧ 7 - 1 = 6

⑨ 8 - 2 = 6

⑩ 9 - 2 = 7

⑪ 3 - 2 = 1

● □ 안에 들어갈 수에 ○표 하고, 알맞은 수를 세넣으시오.

6 - □ = 5

① 2

6 - ① = 5
6 - 2 = 4

① 7 - □ = 5

① ②

7 - 1 = 6
7 - ② = 5

② 4 - □ = 3

① 2

③ 9 - □ = 7

① ②

④ 2 - □ = 1

① 2

⑤ 6 - □ = 4

① ②

⑥ 8
  - □
  6

① ②

⑦ 3
  - □
  2

① 2

⑧ 5
  - □
  4

① 2

⑨ 9
  - □
  8

① 2

⑩ 5
  - □
  3

① ②

⑪ 4
  - □
  2

① ②

● □ 안에 1 또는 2를
넣어 계산해 봅니다.

⑥ 주차

비행접시

054

● 계산에 맞게 선을 그으시오.

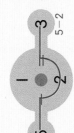
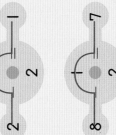
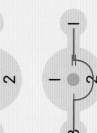

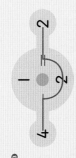
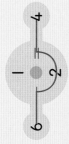

● ○ 안에 알맞은 수를 써넣으시오.

⑥ 주차

055 일이빽셈표

● 빈칸에 알맞은 수를 써넣으시오.

가로와 세로가 만나는 곳에
두 수의 차를 씁니다.

−	2	1
2	7	5
5	2	6
0	4	0
2	4	3

−	1	2
3	4	2
5	6	4
8	9	7

−	2	1
9	7	8
3	1	2

−	2	1
8	6	7
6	4	5
5	3	4

−	2	1
7	6	7
9	8	9
3	2	1

−	2	1
2	0	1
4	8	9
10	8	9

먼저 칠해진 세로줄의 빈칸을 구합니다.

● 빈칸에 알맞은 수를 써넣으시오.

5−1=4

−	1	2
2	3	5
3	4	7
5	6	3
1	2	

9−1=8

−	2	1
9	7	8
8	6	7
2	0	1

3−1=2

−	2	1
6	5	
3	2	
4	3	

−	1	2
6	5	4
5	4	3

−	2	1
3	1	2
2	0	1

−	2	1
6	4	5
3	1	2
6	4	5

−	2	1
10	8	9
5	4	3

−	2	1
5	3	4
10	8	9
7	5	6

−	1	2
6	5	4
8	7	6
2	1	0

056 누름표

● 빈칸에 알맞은 수를 써넣으시오.

7-2 3-2 2-2 9-2

○ 안의 수를 먼저 구합니다.

6-2=4이므로
○ 안의 수는 2입니다.

5-1=4이므로
○ 안의 수는 1입니다.

♣ 빈칸에 알맞은 수를 써넣으시오.

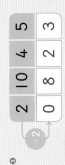

4-1 6-1 1-1 8-1

9 주차

6 주차

P. 66

잘 공부했는지 알아봅시다

월 일

1 뺄셈을 하여 빈칸에 알맞은 수를 써넣으시오.

① | 8 | 1 | 7 |
8 − 1 = 7

② | 6 | 2 | 4 |
6 − 2 = 4

③ | 5 | 2 | 3 |
5 − 2 = 3

2 □ 안에 들어갈 수에 ○표 하고 알맞은 수를 써넣으시오.

①
4
− 1
3

① 2

②
9
− 2
7

1 ②

3 뺄셈표의 빈칸에 알맞은 수를 써넣으시오.

①

−	8	6	9
1	7	5	8
2	6	4	7

②

−	5	7	3
1	4	6	2
2	3	5	1

057 1큰수 1작은수

● 1 큰 수와 1 작은 수를 구하시오.

작은수 −1 3 +1 큰수
2 ← 3 → 4

① 7 : 작은수 6, 큰수 8
② 5 : 작은수 4, 큰수 6
③ 6 : 작은수 5, 큰수 7
④ 9 : 작은수 8, 큰수 10
⑤ 2 : 작은수 1, 큰수 3
⑥ 4 : 작은수 3, 큰수 5
⑦ 8 : 작은수 7, 큰수 9
⑧ 1 : 작은수 0, 큰수 2
⑨ 3 : 작은수 2, 큰수 4

+1은 1 큰 수,
−1은 1 작은 수
입니다.

● 계산을 하시오.

5+1=6
5−1=4

① 8+1=9
   8−1=7

② 6+1=7
   6−1=5

③ 7+1=8
   7−1=6

④ 4+1=5
   4−1=3

⑤ 3+1=4
   3−1=2

⑤ 2−1=1
   2+1=3

⑥ 5−1=4
   5+1=6

⑦ 9−1=8
   9+1=10

⑨ 3−1=2
   3+1=4

⑩ 6−1=5
   6+1=7

⑩ 7−1=6
   7+1=8

7 주차

058 연산자 넣기

● 계산에 맞게 □ 선을 이으시오.

① 4 ⊕ ⊖ 5

4⊕1=5

② 7 ⊕ ⊖ 6

7⊖1=6

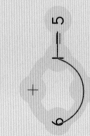

③ 9 ⊕ ⊖ 8

④ 2 ⊕ ⊖ 3

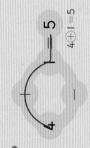

⑤ 8 ⊕ ⊖ 7

⑥ 6 ⊕ ⊖ 5

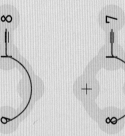

⑦ 5 ⊕ ⊖ 6

⑧ 4 ⊕ ⊖ 2

◐ ○ 안에 + 또는 − 를 써넣으시오.

3 (+) 1 = 4
3 (−) 1 = 2

③ 6 (−) 1 = 5
6 (+) 1 = 7

① 4 (−) 1 = 3
4 (+) 1 = 5

② 7 (+) 1 = 8
7 (−) 1 = 6

⑤ 9 (+) 1 = 10
9 (−) 1 = 8

⑦ 2 (+) 1 = 3
2 (−) 1 = 1

⑥ 5 (+) 1 = 6
5 (−) 1 = 4

⑨ 4 (+) 1 = 5
4 (−) 1 = 3

⑦ 8 (−) 1 = 7
8 (+) 1 = 9

⑧ 3 (−) 1 = 2
3 (+) 1 = 4

⑩ 5 (−) 1 = 4
5 (+) 1 = 6

⑩ 6 (+) 1 = 7
6 (−) 1 = 5

P.72 ● P.73

059 성문 막기

● 관계있는 것끼리 선으로 이으시오.

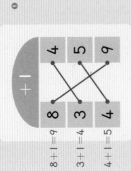

8+1=9
3+1=4
4+1=5

 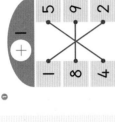

선으로 이어진 두 수를 보고 ○ 안에 들어 갈 기호를 구합니다.

● ○ 안에 + 또는 - 를 쓰고, 나머지 선 두 개를 그리시오.

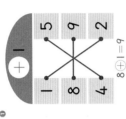  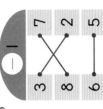
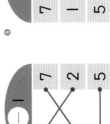 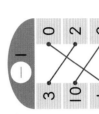

3 ⊕ 1 = 4
8 ⊕ 1 = 9
7 ⊖ 1 = 6

8 7+1=8
3 2+1=3
6 5+1=6

2 3-1=2
5 6-1=5
8 9-1=8

7 주차

060 합과 두 수

● 두 수의 합과 차를 빈칸에 써넣으시오.

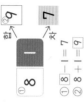

월 일

주어진 합 또는 차를 이용하여 왼쪽 수를 구한 다음 나머지 수를 구합니다.

● 빈칸에 알맞은 수를 써넣으시오.

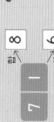
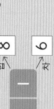

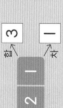

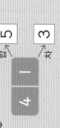

⑦ 주차

잘 공부했는지 알아봅시다

월 일

1 ㅣ 큰 수와 ㅣ 작은 수를 구하시오.

❶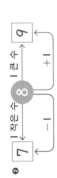
작은수 6 큰수
7 ← 5 → 7
−1   +1

❷
작은수 8 큰수
7 ← 8 → 9
−1   +1

2 두 수의 합과 차를 빈칸에 써넣으시오.

❶
7 1
합 8 (7+1)
차 6 (7−1)

❷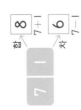
2 1
합 3 (2+1)
차 1 (2−1)

3 관계있는 것끼리 선으로 이으시오.

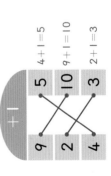

+1

9 — 5   4+1=5
2 — 10 9+1=10
4 — 3   2+1=3

76

8 주차

061 자동차 길

● 계산 결과에 맞게 자동차 길을 그리시오.

● ○ 안에는 + 또는 −, □ 안에는 1 또는 2를 넣어 계산식을 완성하시오.

보기
7 (−) [2] = 5
4 (+) [1] = 5

① 3 (+) [1] = 4
9 (−) [1] = 8

② 5 (−) [2] = 3
6 (−) [1] = 5

③ 3 (+) [2] = 5
6 (−) [2] = 4

④ 8 (−) [2] = 6
2 (+) [1] = 3

⑤ 2 (−) [1] = 1
8 (+) [2] = 10

⑥ 7 (+) [1] = 8
5 (+) [2] = 7

⑦ 6 (−) [2] = 4
4 (+) [1] = 5

⑧ 4 (−) [2] = 2
6 (+) [1] = 7

⑨ 9 (+) [1] = 10
5 (−) [1] = 6

월 일

062 다리 잇기

● 계산을 한 다음 알맞게 선으로 이으시오.

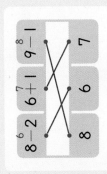

● 계산 결과가 같은 것끼리 선으로 이으시오.

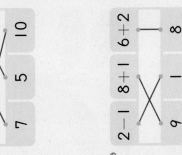

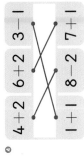

8 주차

P.82 ● P.83

잎새 따기

063

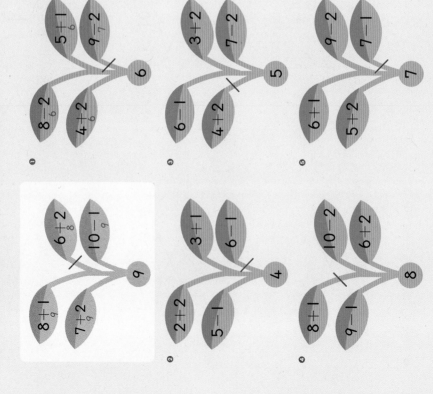

● 계산 결과가 ● 안의 수와 다른 것을 찾아 / 로 잎새를 따시오.

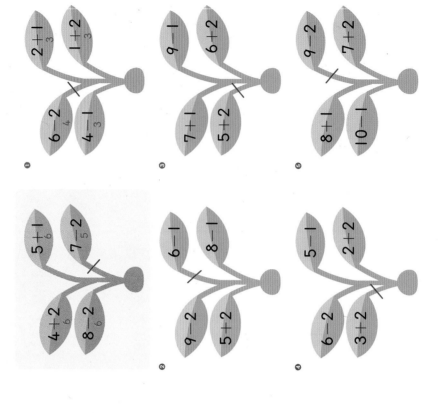

◆ 계산 결과가 다른 하나를 찾아 / 로 잎새를 따세요.

P.064 양방 수직선

● 그림을 보고 □ 안에 알맞은 수를 써넣으시오.

$$5+1=\boxed{7}-1$$

❷
$$\boxed{6}+1=9-2$$

❹
$$1+2=\boxed{4}-1$$

❻
$$\boxed{4}+1=6-1$$

❶
$$2+2=\boxed{5}-1$$

❸
$$\boxed{1}+1=4-2$$

❺
$$7+1=\boxed{9}-1$$

❼
$$\boxed{4}+2=8-2$$

84

⊕ □ 안에 알맞은 수를 써넣으시오.

$$4+1=\boxed{6}-1$$

❷
$$\boxed{2}+2=3+1$$

❹
$$8+1=\boxed{7}+2$$

❻
$$\boxed{1}+1=4-2$$

❽
$$5+2=\boxed{8}-1$$

❿
$$\boxed{5}+1=8-2$$

⓬
$$1+2=\boxed{4}-1$$

□가 없는 쪽의 식을 계산하여 계산 결과를
구한 다음 □ 안에 들어갈 수를 찾습니다.

❶
$$6+1=\boxed{9}-2$$

❸
$$\boxed{2}+1=5-2$$

❺
$$3+3=\boxed{7}-1$$

❼
$$\boxed{7}+1=10-2$$

❾
$$3+2=\boxed{7}-2$$

⓫
$$\boxed{3}+1=6-2$$

⓭
$$6+2=\boxed{9}-1$$

⑧ 주차

잘 공부했는지 알아봅시다

월 일

1 ○ 안에는 + 또는 -, □ 안에는 1 또는 2를 넣어 계산식을 완성하시오.

① $2 + 2 = 4$
　 $5 - 1 = 4$

② $7 - 1 = 6$
　 $8 - 2 = 6$

2 계산 결과가 다른 하나를 찾아 /로 잎새를 따시오.

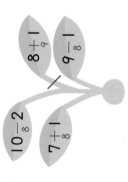

$10-2 \atop 8$　$8+1 \atop 9$　$9-1 \atop 8$　$7+1 \atop 8$

3 그림을 보고 빈칸에 알맞은 수를 써넣으시오.

①

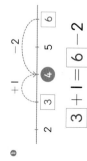

$3 + 1 = 6 - 2$

②

$5 + 2 = 8 - 1$

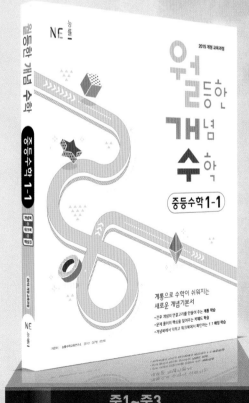